MÉMOIRES

SUR LA VIE DE

LEMAIRE DE CLERMONT.

A CAEN,

DE L'IMPRIMERIE DE F. POISSON.

LEMAIRE DE CLERMONT

Se disant Poulain de Beauregard.

Condamné à la peine de mort
par la cour d'assises de Caen, le 11 Mars 1823.

MEMOIRES

SUR LA VIE DE

LEMAIRE DE CLÈRMONT,

ÉCRITS PAR LUI-MÊME, EN PRISON

POUR FAIRE SUITE AU PROCÈS;

ORNÉS DE SON PORTRAIT, GRAVÉ EN TAILLE-DOUCE,

PAR A. TARDIEU.

A CAEN,

Chez MANCEL, LIBRAIRE-ÉDITEUR;

A PARIS,

Chez PONTHIEU et DELAUNAY, PALAIS ROYAL;

ET CHEZ LES PRINCIPAUX LIBRAIRES DE NORMANDIE.

1825.

INTRODUCTION.

La curiosité publique a été excitée au plus haut degré par la publication des débats qui ont eu lieu au procès du fameux Lemaire. La terreur que ses crimes et son nom avaient répandue dans toute la contrée, et même dans les départemens voisins, devait naturellement augmenter l'intérêt que l'on mettait aux détails de cette procédure, et accroître l'impatience avec laquelle on en attendait les résultats. L'ouvrage que nous publions aujourd'hui se recommande à peu près au même titre. Dans le premier cas, l'impatience universelle était en quelque sorte l'expression de la conscience sociale, qui réclamait à grands cris la sévérité des lois contre un coupable, qui semblait s'être fait un jeu de les braver toutes audacieusement. Aujourd'hui que la société et la justice sont satisfaites, que le glaive de la loi a fait tomber cette tête criminelle, peut-être sera-t-on curieux d'entendre de la bouche même du coupable l'aveu de ses forfaits : peut-être ne sera-t-il pas sans intérêt, sans profit même pour la morale publique, de voir expliquée, par le criminel lui-même, l'énigme sanglante d'une vie qui sembla vouée tout entière au crime et à l'infamie. Heureusement pour l'espèce humaine, personne autre que Lemaire lui-même n'eût été capable de résoudre un pareil problême.

Ce sont donc les manuscrits mêmes de Lemaire qui vont être publiés : c'est lui qui va faire l'histoire de sa vie et de ses crimes, depuis l'époque de sa naissance, jusqu'au moment où il a paru devant la Cour d'assises du Calvados. On apprendra dans ces récits comment une première faute l'a conduit au crime, comment, dans cette âme perverse, un crime n'était que le prélude d'un autre crime, comment enfin il en a, pour ainsi dire, parcouru tous les degrés sans crainte et sans remords.

Cette histoire, que son titre nous paraît recommander suffisamment à l'intérêt du public, sera, nous osons l'espérer, une nouvelle démonstration de cette vérité si importante au maintien de l'ordre social, savoir : que l'oubli des devoirs que prescrit la religion est la source de tous les désordres , de tous les crimes qui désolent et déshonorent l'humanité. Puisse cette vérité recevoir une nouvelle force du tableau qui va être mis sous les yeux du lecteur de ces mémoires!

Le portrait de Lemaire, joint au volume, se recommande par la grande vérité de la ressemblance , aussi bien que par le fini de l'exécution qui ne laisse rien à désirer.

———

AVANT d'entendre parler Lemaire lui-même, peut-être ne sera-t-il pas sans intérêt pour la plupart de ses lecteurs, de trouver ici un court exposé des principales circonstances qui ont puissamment contribué à donner une véritable célébrité à son procès.

Au mois de mai 1824, la ville de Caen jouissait de sa tranquillité accoutumée, lorsque le bruit se répandit tout-à-coup qu'on venait de trouver, dans un des quartiers les moins fréquentés de la ville et dans une habitation isolée, le cadavre d'une femme qui avait été évidemment victime d'un assassinat et que l'on reconnut aussitôt pour être celui d'une demoiselle Thouroude, marchande revenderesse, bien connue, qui avait en effet disparu depuis un mois, mais que l'on croyait, dans son voisi-

nage, absente pour aller recueillir une succession qui lui était échue, ainsi que cherchait à le répandre le meurtrier qui était venu
audacieusement s'emparer de la demeure et du
commerce de sa victime.

La découverte du cadavre de la demoiselle
Thouroude donna l'éveil à la police ; mais Lemaire eut le temps et l'adresse de se soustraire
à ses perquisitions et il disparut subitement sans
qu'il fût possible de suivre ou de reconnaître
ses traces.

La découverte d'un nouveau cadavre trouvé
au mois de juillet dans le même local, l'au-
dace de l'assassin, les renseignemens que l'on
recueillit sur sa vie antérieure, firent naître la
terreur et l'indignation dans toutes les âmes. La
renommée qui ne vit en général que d'exagé-
ration, ne resta pas en arrière dans cette circonstance. Elle mit sur le compte de Lemaire
tous les crimes commis depuis quelques années
et dont la justice, malgré son active surveillance, n'avait pu parvenir à découvrir les au-
teurs. Au reste, cet homme se préparait encore
à augmenter son odieuse célébrité.

Ce qui ajoutait à la terreur publique, c'est
que beaucoup de gens étaient persuadés que
Lemaire se cachait dans les environs de la ville
de Caen ; on l'avait vu, assurait-on, dans tel ou
tel

tel endroit que l'on désignait : ici , il avait tra-
versé la rivière dans un bac public ; là , il avait
passé la nuit dans une ferme que l'on nóm-
mait. Tous l'avaient vu un instant avant que
les gendarmes arrivassent pour le saisir. Ces
bruits désastreux , ces apparitions prétendues
de Lemaire n'étaient pas propres à rassurer
les habitans des campagnes. On ne se croyait
plus en sûreté chez soi, et l'on ne pouvait
espérer de repos qu'en apprenant qu'on était
parvenu à l'arrêter.

Pendant que tous les esprits étaient ainsi pré-
venus de l'idée que l'objet de la frayeur générale persistait à résider dans les campagnes
voisines ; Lemaire , sous un autre nom , était
allé chercher un autre théâtre pour y exercer
de nouvelles fureurs.

Au mois d'août 1824 , il assassinait froide-
ment , à Rennes , un vieillard septuagénaire ,
qui n'avait , hélas ! d'autre tort envers lui que
de l'avoir accueilli avec bienveillance et cré-
dulité.

Enfin , dans le mois de septembre , on ap-
prend à Caen , qu'un individu , se disant Jean
Poulain , mais que l'on soupçonnait être Lemaire de Clermont , vient d'être arrêté à St-Lo ,
au moment où il se disposait à joindre le crime

de bigamie à ceux qui pesaient déjà sur sa tête.
Il voulut nier qu'il fût *Lemaire*; mais plusieurs
témoins appelés de Caen à St-Lo , n'hésitèrent
pas à déclarer qu'ils le reconnaissaient parfaitement et qu'il était bien celui que l'on cherchait
et que l'on redoutait depuis si long-temps.

Lorsqu'il ne fut plus possible de douter de
la vérité de cette nouvelle, la satisfaction générale se manifesta par les signes les moins équi-
voques; la sécurité rentra dans toutes les âmes
et la crainte fit place alors à l'impatience la
plus vive de voir cet homme mis en jugement.
On sut bientôt qu'il allait être transféré dans
la prison de la ville de Caen. Le jour de son
arrivée fut annoncé : dès ce moment, on oublie toutes ses affaires pour ne s'occuper que
de lui ; tous voulaient voir ce héros du crime
dont l'arrestation les laissait dormir en paix.
Le jour qu'il arriva, la route de Caen à Bayeux,
toutes les rues par lesquelles il devait passer ,
étaient remplies d'une foule immense de spectateurs qui attendaient avec une impatience
visible le moment où leur curiosité allait être
satisfaite. Ce moment arriva, et chacun put alors
se convaincre par ses propres yeux qu'il n'a-
vait plus rien à craindre.

Un assez long intervalle s'écoula entre l'époque de l'arrestation de Lemaire et sa mise en accusation. On craignit même un instant de voir prolonger cet intervalle ou , du moins, reculer le jour de son jugement. Lemaire s'était pourvu en cassation contre l'arrêt qui le renvoyait pour être jugé devant la Cour d'assises du département du Calvados. Il prétendait n'être justiciable que de la Cour de Rennes, devant laquelle seule, disait-il, il répondrait sur les faits qui lui étaient imputés. La Cour de cassation rejeta le pourvoi, et tous les délais se trouvant ainsi terminés, on sut d'une manière positive, que les débats de son procès s'ouvriraient à Caen, le 7 mars 1825.

On s'imaginera facilement, d'après le court exposé qui précède, avec quelle satisfaction fut reçue cette nouvelle si long-temps attendue, avec qu'elle ardeur on appela de tous ses vœux le jour qui venait d'être indiqué. Il arriva.

Le lundi 7 mars, jour fixé pour l'ouverture des débats, une foule immense assiégeait, dès sept heures du matin, toutes les avenues du palais de justice, dont les portes ne devaient s'ouvrir qu'à neuf heures. Lorsque ce moment fut arrivé, on se précipita avec ardeur dans l'enceinte accordée au public. Les tribu-

nes de la salle des audiences étaient déjà oc-
cupées par une réunion de spectateurs et de
spectatrices dont la mise élégante et soignée
annonçait que la curiosité n'est pas exclusi-
vement l'apanage d'une seule classe de la société. Peu d'instans après, la Cour entra en
séance et l'on vit paraître les accusés. Tous
les regards se portèrent à la fois sur celui
qui seul donnait un intérêt si vif à la cause.
Il avait l'air calme ou plutôt sombre. Ses
traits immobiles restèrent long-temps sans
action ; ce ne fut que dans quelques
circonstances des débats qu'ils s'animèrent
vivement et que son œil fixe prit une expression bien prononcée. Il était vêtu d'une
redingote verte, et d'un gilet rouge qui
avaient appartenu à l'une de ses victimes, et
qui furent reconnus par plusieurs témoins.

Ses coaccusés avaient l'air abattu : pendant
tout le cours des débats, ils ne parlèrent du
principal accusé que l'appelant M. Lemaire,
ce qui prouve que cet homme exerçait sur
ceux qui l'approchaient un certain ascendant,
dont, en le considérant, il était assez difficile
de se rendre compte.

Les débats se continuèrent pendant cinq
jours, et la curiosité publique loin de se fa-

tiguer, ne faisait que s'accroître. Pendant les
premiers jours, Lemaire persista à vouloir se
faire passer pour le nommé Poulain de Beauregard, et refusa de répondre sur les faits
qui concernaient les crimes commis dans la
ville de Caen : il conserva constamment un
sang-froid imperturbable, surtout dans les
premières séances; mais les deux derniers jours,
il manifesta quelque émotion à l'occasion d'une
déposition qui chargeait sa femme, aussi ac-
cusée. M. le président de la Cour d'assises,
et M. le substitut du procureur général, surent profiter de cette circonstance, pour l'a-
mener à faire des aveux; il finit par s'avouer
coupable sur tous les chefs de l'accusation.

L'affaire se termina alors. Lemaire fut condamné à la peine de mort : la veuve Couet,
fut condamnée à cinq ans de travaux forcés
et au carcan, comme complice de vols d'effets appartenant à la demoiselle Thouroude;
les cinq autres accusés furent acquittés et mis
en liberté le jour même.

Lemaire entendit son arrêt sans témoigner
d'émotion. Il mettait un certain orgueil à se
montrer impassible ou même tout-à-fait indif-
férent. Le lendemain, il signa son pourvoi.

La veuve Couet, qui ne se pourvut point

en cassation, fut exposée au carcan le vendredi 19 mars, au milieu d'un concours immense de spectateurs.

MÉMOIRES

SUR LA VIE DE

LEMAIRE DE CLERMONT.

L'EMPRESSEMENT que le public a mis à connaître les débats du procès criminel dirigé contre Pierre Lemaire de Clermont et ses coaccusés, l'a déterminé à écrire lui-même ses diverses aventures et les époques les plus remarquables de sa vie.

Je suis persuadé que ceux qui liront ces détails ne pourront se dispenser de plaindre les malheurs de ma triste destinée de mourir sur un échafaud, à l'âge de 43 ans 4 mois, après avoir été élevé et nourri avec tous les soins que peut prodiguer une tendre et bonne mère. Je prie Dieu et la société de me pardonner. Je meurs avec un sincère regret d'avoir commis tous ces crimes ; priez Dieu pour le repos de mon âme.

Signé LEMAIRE DE CLERMONT.

Je suis né au Manoir , le 26 décembre 1781 ; mon père et ma mère , gens honnêtes et probes , m'ont élevé avec un grand soin : ils mettaient en moi leur espoir , se persuadant qu'un jour je serais leur unique appui dans la vieillesse. Ils n'avaient que moi de garçon et trois filles. La faiblesse de mon tempéramment leur donna souvent lieu de craindre de me voir mourir en bas âge ; ma mère m'a prodigué tous les soins que peut une tendre et vertueuse mère ; je lui ai coûté bien des larmes avant que je fusse en état de marcher. A l'âge de 5 à 6 ans , j'eus une maladie qui m'empêchait d'être assis ; elle a été obligée de me tenir sur elle pendant 6 ou 7 mois. Parvenu à 8 ou 9 ans, j'eus une autre maladie où je faillis encore perdre la vie ; je ne dois mon existence qu'aux tendres soins de ma bonne mère, à qui je vais encore coûter bien des larmes , lorsqu'elle apprendra le sort funeste où m'ont jeté mon inconduite et les passions. Elle est actuellement âgée de 83 à 84 ans ; elle m'a donné l'exemple de toutes les vertus , de la religion et de la morale , une éducation convenable , suivant le peu de fortune qu'elle possédait. Je faisais des progrès surprenans dans les écoles où j'allais , surtout en arithmétique et en lecture ; le catéchis-
me

me était pour moi un jeu, je ne l'étudiais qu'en entrant ; je le savais néanmoins aussi bien que ceux qui y passaient tout leur temps.

Arrivé à 15 à 16 ans , commença l'empire des passions et du libertinage. La chasse et la pêche furent mes occupations favorites , mon père eut beau faire pour m'engager à prendre la conduite de la charrue et cultiver la terre comme il l'avait cultivée , il ne put rien gagner sur moi. Je me décidai à entrer chez un huissier où je fus quelque temps : je m'ennuyai ensuite , je voulus prendre l'état de chirurgien ou de médecin , parce que j'avais eu un oncle docteur médecin : ma mère n'eut pas le moyen de me faire apprendre cet état , j'en conçus un dépit qui me porta à ne pas vouloir me livrer à aucun travail. Je me décidai à suivre les tribunaux de justice de paix ; j'achetai quelques livres de lois ; en les lisant, j'appris facilement la chicane : doué d'un esprit vif et pénétrant , je faisais une juste application des lois sur plusieurs affaires ; je possédais une telle intelligence que l'on ne tarda pas à me regarder comme un jeune homme qui serait peut-être un jour utile à ses semblables. Je possédais l'art de me déguiser sous une apparence de tranquillité et de vertu : j'étais à 18 ans un dangereux séducteur auprès des demoiselles , lorsqu'elles se trouvaient seules avec moi : en public , je feignais de les voir avec indifférence , même avec un certain air de mépris. Je continuai de vivre ainsi , sans m'occuper à autre chose qu'à la chicane et à des intrigues amoureuses.

En 1802 , à Bayeux , je me trouvais le soir dans un café sur le Champ-de-Foire , avec plusieurs de mes amis : il y avait à une table en face une demoiselle avec plusieurs de ses parens : leur costume m'annonça de riches propriétaires ou fermiers : peu d'instans après que je fus placé , je remarquai que cette fille portait souvent ses regards sur moi : elle avait à sa compagnie un homme qui la recherchait en mariage , il était âgé de 40 ans , elle n'en avait que 19 : je m'aperçus qu'il lui adressa des reproches de ce qu'elle semblait me fixer avec attention : je lui étais inconnu et à sa famille , que je ne connaissais pas non plus : j'adressai quelques paroles à son père ; bientôt elle se mêla de la conversation , qui ne fut pas longue : un oncle était avec eux , il voulut partir , ils se levèrent ; les voyant sur leur départ , je leur proposai d'accepter quelque chose avec nous , ils se rendirent à mon invitation ; la demoiselle se

plaça près de moi, je profitai d'une conversation générale, qui eut lieu entre cette société et la mienne, pour faire une déclaration
d'amour à cette belle personne : elle reçut
favorablement ma proposition : avant de la
quitter, j'eus sa parole et j'obtins d'elle un
rendez-vous pour le lendemain l'après midi
à 3 heures, pour s'entretenir, lui avais-je dit,
du projet que j'avais de la demander en mariage à ses parens : elle ne manqua pas de se
trouver au lieu convenu, je l'engageai à venir
à une auberge prendre quelque chose : elle
accepta : nous eûmes une ample et longue
conversation : des promesses et des sermens
réciproques furent prononcés d'une amitié
éternelle : elle me dit qu'elle allait renvoyer
celui avec lequel elle était près de se marier ; que si ses parens cherchaient à empêcher notre mariage, cela leur serait inutile,
qu'elle quitterait plutôt la maison paternelle
que d'épouser celui qu'elle avait écouté jusqu'à ce jour par respect et complaisance pour
ses père et mère, que je sus être très-riches ;
je saisis cette circonstance pour lui dire avec
l'accent du chagrin, et d'un désespoir feint :
« Je vois bien, mademoiselle, que ce me sera
» inutile d'aller vous demander à vos parens,
» ils tiennent beaucoup à la fortune, je n'en

» ai pas ; je ne puis donc qu'attendre un
» refus : la joie et la satisfaction que j'ai éprou-
» vées dès le premier moment où je vous ai
» vue, se changeront pour moi en une dou-
» leur mortelle. Peut-être prendront-ils des
» moyens pour nous empêcher de nous voir
» et de nous parler, il ne me restera alors de
» votre souvenir que celui d'avoir rencontré
» celle qui seule est capable de faire mon
» bonheur et de ne pouvoir l'obtenir ; sou-
» venir accablant pour un homme qui vous
» aime sincèrement. » Enfin, il fut convenu
que j'irais en parler le dimanche suivant à
ses parens, je ne manquai pas. Je me présentai le dimanche l'après midi chez son père :
je l'avais rencontrée avant d'entrer ; elle m'a-
vait encore renouvelé ses promesses, en me
disant, s'ils ne veulent pas, nous les ferons
bien se décider ; j'ai renvoyé l'autre ce matin,
je me suis bien donné de garde de parler
de vous ; ils vont être bien surpris : en effet,
un domestique m'annonce au père, qui était
dans une salle, occupé avec plusieurs personnes ; j'étais resté dans la cuisine avec la mère;
après les complimens d'usage, je lui déclarai
le sujet de ma visite, qu'il apprît avec sur-
prise : il m'engagea de faire la collation ; j'acceptai. Pendant ce temps on envoya cher-

cher la demoiselle ; elle arriva : on lui fit part
de mes intentions, qu'elle feignit d'ignorer :
son père et sa mère lui dirent de voir ce
qu'elle avait à faire , que suivant eux nous
étions trop jeunes ; que si j'avais seulement
28 ou 30 ans , cela vaudrait mieux ; qu'elle
n'en retrouverait pas comme celui qu'elle
avait renvoyé : il ne fut rien décidé ce jour
là, mais huit jours après, sa mère me con-
gédia en sa présence. Elle s'en fâcha vivement , au point qu'à l'instant où je sortis ,
elle m'accompagna dans la cour et vint ensuite me reconduire une lieue de chemin.
Quelque temps après , je lui écrivis une lettre de remercîmens et d'excuses.

Je me trouvais alors sur ma 22°. année ;
étant de la conscription de l'an onze et seul
de la paroisse , je pris le parti de m'enrôler
volontairement dans la 17°. compagnie des
canonniers gardes-côtes de la direction de
Cherbourg ; je fus employé par ordre des
chefs à la batterie d'Aromanche , mais on me
porta également sur la liste des conscrits et
on me désigna pour l'armée active. Je fis des
réclamations qui furent rejetées : je pris le
parti d'écrire une plainte , que j'adressai à
Buonaparte, qui était premier consul. Peu de
temps après on m'annonça que je pouvais

rentrer dans les canonniers gardes-côtes, et que j'étais déchargé du service militaire de l'armée active. Cette nouvelle ne me fut d'aucune utilité, parce qu'il s'était écoulé trois mois depuis le tirage de la conscription : j'avais acheté un remplaçant qui était parti et en activité dans le 28°. régiment de ligne.

Je restai pendant cinq ou six mois assez tranquille : j'étais recherché de toutes les personnes honnêtes. Bientôt je fis connaissance avec plusieurs demoiselles de bonne famille ; je m'empressais de leur parler de mariage, j'étais toujours favorablement reçu ; la réputation que j'avais d'en amuser beaucoup dans cet espoir me fit bientôt regarder comme un libertin. C'est ainsi que j'ai passé quelques mois, oubliant les principes de la religion et de la morale que mes parens m'avaient soigneusement transmis avec la vie. Grand Dieu ! qui pourra croire que je vous aie ainsi oublié dans mon plus bel âge, jusqu'au point de vous outrager par un sacrilége en recevant le sacrement de confirmation sans m'être confessé, étant en péché mortel : c'est pour me punir de ce crime que Dieu a permis qu'il m'arrive tous les malheurs qui me sont arrivés. Depuis ce jour, je n'ai point eu de bonheur.

Je formai à cette époque liaison avec une
jeune et belle personne, qui est actuellement
mon épouse ; on commença à me blâmer
beaucoup ; on mit tout en usage pour
m'engager à partir militaire : étant dési-
gné pour l'armée active, je préférai, comme
je l'ai dit, acheter un homme pour me
remplacer. Ce fut un malheureux jeune
homme de Noron, qui eut le malheur de
traiter avec moi, moyennant deux mille cent
francs, sur lesquels je lui donnai deux cents
francs en partant : voilà ce qu'il a reçu, vu
l'injuste ruse de faire paraître à l'acte un
mineur qui me cautionna pour les 1,900 fr.
restant. A l'époque où ils étaient exigibles,
on m'assigna et ma caution, mais on ne put
la trouver. L'instance fut pendante assez long-
temps au tribunal civil de Bayeux : on savait
à ce tribunal que je ne faisais pas plus d'é-
tat d'un procès civil qu'un âne d'un coup
de bonnet. Le procès resta sans jugement.
Cette conduite de ma partie adverse me fit
rentrer en moi-même, je me déterminai à
payer mon malheureux remplaçant ; j'engageai pour cela mon père à vendre et fieffer
une partie de sa fortune. Mon père, qui était
la bonté même et d'une droiture sans reproche, ainsi que ma mère, approuva mon des-

sein, que je fus sur le point d'exécuter.

Pendant que je faisais tous ces préparatifs, un vol fut commis au Manoir. Un individu prétendit aussi qu'on avait tiré un coup de feu derrière lui, à six heures du soir. On commença par me faire soupçonner du vol, et on m'imputa ensuite le coup de feu. Ces deux affaires restèrent sans poursuite pendant quelque temps.

A la même époque, me trouvant à une assemblée avec deux de mes camarades, je remarquai une société de quinze à vingt personnes, parmi lesquelles on distinguait une jeune demoiselle de 17 à 18 ans, d'une moyenne taille, d'une beauté ravissante. Tous mes pas dans l'assemblée étaient dirigés pour me rencontrer en face d'elle ; mes camarades me reprochèrent ma présomption, mais je leur déclarai qu'avant que la journée fût passée, j'allais aller demander la demoiselle en mariage. Un de mes amis paria un louis à dépenser entre nous que je n'allais pas y aller ; j'effectuai le pari : il ne fut plus question que d'aller lui faire ma déclaration. A une heure après midi, je m'aperçus que la compagnie quittait l'assemblée. Je m'informai de leur nom et

du

du lieu qu'ils habitaient ; après quoi , étant
retourné avec mes deux camarades à l'endroit
où nous avions laissé nos chevaux, je pris le
mien pour aller faire mon imprudente proposition. Celui qui avait fait le pari ne voulut
pas s'en rapporter à ma parole , l'autre m'accompagna. Lorsque nous entrâmes dans la
cour , la demoiselle se présenta sur le per-
ron et me reconnut. Je l'abordai avec toute
la politesse et la galanterie dont j'étais capable ; ayant déclaré le motif de ma visite ,
elle rougit avec modestie et me fit entrer
dans la cuisine, pendant qu'un domestique
était à chercher le père. Aussitôt qu'il entra, elle sortit dans le jardin. Je voulus
d'abord acheter un tonneau de cidre , mais
bientôt je changeai de langage et lui déclarai
le vrai motif de ma visite. Je ne pus avoir
aucune réponse ce jour-là. Enfin , au bout
de trois ou quatre fois que j'avais été dans
cette maison , le père me déclara que sa
fille était trop jeune pour se marier : je
m'en doutais d'avance, rapport à la fortune.
Au bout de quatre à cinq mois, elle vint à
Bayeux avec son père pour vendre du beurre ;
le père s'étant éloigné d'elle un instant, j'en
profitai pour lui dire deux mots. Il y avait
alors à Bayeux des gendarmes avec lesquels

j'étais lié : j'en rencontrai deux qui étaient
pour la police du marché ; je les engageai
à déjeûner ; je les priai ensuite de me rendre
le service de demander les papiers du père
de la demoiselle ; je savais qu'il n'en avait
pas, n'étant éloigné de Bayeux que de trois
lieues : ils l'acostèrent effectivement, et quoi-
qu'il prétendît être parfaitement connu dans
la ville, cela ne les empêcha pas de le conduire à la maison d'arrêt : j'observais de loin
ce qui se passait ; lorsque je l'eus vu entrer dans la prison, je volai promptement
près de sa fille, que j'invitai de donner
son beurre à vendre à quelqu'un et de venir
à mon auberge, en lui contant où je
venais de faire mettre son père. Elle
vint donc avec moi et nous passâmes la
journée ensemble. Le soir, à sept heures,
je lui conseillai d'aller voir son père, de
lui dire qu'elle avait fait beaucoup de démarches inutiles pour le faire sortir et de
lui demander s'il consentait qu'elle vint me
prier de faire ce qui serait nécessaire pour
cela : la crainte de coucher en prison le
fit consentir à tout : j'étais d'avance assuré
de la réussite. Je me rendis près du père
auquel j'adressai quelques reproches de ne
m'avoir pas mandé plutôt la position où il

était , et je parvins sans peine à le faire
sortir. Il m'invita à dîner le lendemain chez
lui et j'obtins la permission de lui faire quelques visites. La jeune personne fit tous ses
efforts pour me fixer près d'elle ; mais mon
cœur ingrat et volage n'écouta pas long-
temps ses remontrances. Je la quittai pour
courir des aventures qui devaient bientôt
me précipiter du sein de l'honneur dans un
abîme d'opprobre et d'infamie.

Un individu de ma connaissance m'ayant
parlé d'un compte qu'il avait à faire avec la
Régie des domaines nationaux , je lui conseillai de s'adresser à M. le directeur ; je fis
son compte ; il me parut ne devoir qu'une
modique somme. Je fis un modèle de quittance, sur papier non timbré , que je joi-
gnis au compte ; je l'engageai à s'adresser à un
commis de la direction que je connaissais ;
on ajouta au pied du modèle de quittance
la signature de M. le directeur , mais sans
similitude d'écriture , c'est-à-dire , sans avoir
cherché à contrefaire sa signature ; elle tomba
entre les mains d'un commis négociant ; on
prétendit qu'il en avait été fait usage , puisqu'elle avait été, disait-on, présentée à ce commis , pour justifier de paiemens supposés
faits ; elle fut déposée entre les mains du ma-

gistrat de sûreté : celui-ci me fit arrêter le 6
ou 7 janvier 1805 ; conduit dans la prison de
Bayeux , j'y restai 8 jours. Envoyé ensuite à
Caen , à la Cour spéciale , je fus acquitté du
vol et du coup de fusil que l'on m'imputait
pour aggraver mon malheur ; mais on ins-
truisit le procès en faux : les seuls témoins
entendus déposèrent que l'intéressé leur avait
dit qu'il m'aurait donné 15 à 16 pistoles si
l'affaire avait réussi. Je restai en prison à
Caen , jusqu'au 29 germinal an 13 , que la
Cour spéciale de Caen rendit un arrêt de renvoi
devant la Cour spéciale séant à Paris , vu la
loi du 11 floréal an 11 , qui attribuait exclu-
sivement pendant cinq années à ce tribunal
la connaissance des crimes de faux commis
sur des pièces de comptabilité qui intéres-
saient le trésor public. Je fus jugé à Paris , le
4 janvier 1806 , à 8 ans de travaux forcés et
à la marque. L'exécution de ce jugement commença le 7 février 1806 ; je fus conduit à Bi-
cêtre , près Paris , le même jour ; j'y restai
jusqu'au 25 mars, jour auquel la chaîne partit
pour Brest, où j'arrivai le 17 avril ; trois jours
après , M. le préfet maritime , accompagné
d'un capitaine de vaisseau , vint voir cette
nouvelle chaîne, composée de 650 hommes.
Mon air et ma mine douce plurent à ces deux

messieurs, ils daignèrent m'interroger sur mon
pays , le lieu de ma naissance et la cause de
ma condamnation. Ayant su que j'étais du
Calvados, M. le préfet de la marine me dit
qu'il allait écrire pour savoir si je le trompais : il écrivit en effet , et reçut bientôt une
réponse qui était plus avantageuse que je ne
l'espérais , parce qu'on lui vantait ma famille :
une dame distinguée eut même la bonté de me
recommander à lui. Il me fit ôter la chaîne
que je portais , il me plaça à l'hôpital civil de la
ville de Brest, où j'étais employé à la surveillance des ouvriers menuisiers , préposés aux
réparations de cet hôpital ; j'y restai deux ans.
Quelques détenus ayant ourdi une conspiration pour faire sauter plusieurs magasins à
poudre , M. le préfet en fut informé et me
chargea de veiller à découvrir cette trame ; je
m'acquittai exactement de cette commission :
lorsqu'elle fut découverte , il me donna la
surveillance de tous les chantiers du port ;
cet emploi excita contre moi la haine de plusieurs chefs du bagne , qui se voyaient en
quelque sorte soumis à mes ordres , puisque
je leur transmettais ceux du préfet , et que si
ils lui demandaient quelque chose que je
crusse contraire aux intérêts de l'administration , je lui faisais mes observations à ce sujet;

souvent cette conduite de ma part les faisait échouer dans leurs projets.

Le Commissaire de Marine vint à mourir : son remplaçant ne fut pas plutôt arrivé qu'il voulut changer toute la manière d'administration de cette maison, renfermant alors cinq mille six cent quarante-sept personnes.

Le commerce de prêter à usure s'introduisait rapidement dans ce bagne ; on se prêtait un louis pour un mois, il fallait payer quatre francs d'intérêt : je pris la résolution de faire cesser ce malheureux commerce, qui faisait mourir de faim plusieurs détenus : je fis dire dans toutes les salles que ceux qui avaient de l'argent à placer en intérêt à ce taux, pouvaient s'adresser à moi. La majeure partie de ceux qui en avaient me le donnèrent, mais à leur grand étonnement, ils ne reçurent ni principal, ni intérêts ; ils perdirent tout. Cela les mit hors d'état de continuer le même commerce, que j'aurais pu empêcher à la vérité d'une autre manière, j'en conviens.

Je rendis compte à M. le Préfet d'un autre abus, relativement aux postes lucratifs qui pouvaient être confiés à des détenus. Il y remédia, en ordonnant que ces places seraient à ma disposition et que mon choix ne devrait tomber que sur des détenus qui auraient au moins la moitié de leur temps d'écoulé et sur ceux auxquels il restait peu de temps à faire , pour qu'ils pussent gagner quelque chose pour s'habiller et faire leur route en sortant. Cette conduite était plus sage et plus juste que celle que j'avais tenue à l'égard des prêteurs à usure ; néanmoins , elle m'attira davantage la haine des premiers détenus et de plusieurs chefs, qui n'attribuaient ma conduite qu'à l'orgueil de diriger et de commander dans toutes ces opérations.

Au mois de septembre 1811 , M. le Préfet fut appelé à un autre emploi. Prévoyant qu'après son départ de Brest , je ne serais pas heureux , je sollicitai près de lui de me faire obtenir du ministre un ordre pour être transféré à Lorient : il l'obtint en effet : j'y fus transféré à la fin de septembre. Je passai deux ans et quatre mois au bagne de Lorient : j'étais occupé à trois quarts de lieue de la ville : j'y passais mon temps assez agréablement , sans cependant qu'il y eût rien de remarquable.

Enfin arriva le 7 février 1814 , jour où je fus rendu à la liberté : c'était un lundi ; je partis à onze heures , j'arrivai à Rennes le samedi : j'y restai plusieurs jours et y fis quelques connaissances que j'abandonnai sans peine. Lorsque je fus arrivé au Manoir, je trouvai d'abord mon père et ma mère réduits à un état voisin de l'indigence : ils avaient fieffé et vendu leur patrimoine : mon père était alors âgé de 80 ans et infirme ; malgré sa situation, il me fit le meilleur accueil possible, ainsi que ma tendre mère ; ils me donnèrent des conseils salutaires. Si je les eusse suivis, je ne serais pas plongé où je suis.

Au mois de mars 1814, je me trouvais à Amiens. Je fis connaissance avec un farceur et bambocheur : il connaissait un homme et une femme très-âgés, qui faisaient valoir un moulin qui leur appartenait, et n'était situé qu'à deux lieues de la ville ; il y entra un jour en passant demander du feu pour allumer sa pipe ; la femme était seule, il s'arrêta un instant à lui parler : il savait que ces gens passaient pour avoir beaucoup d'argent, il lui demanda si elle voulait lui vendre son moulin : elle dit que non ; c'est dommage, répondit-il, j'en donnerais bien trente mille francs. C'est plus qu'il ne vaut, répondit la vieille. — Oui, ma bonne mère, répondit mon ami, je vais vous dire pourquoi : il y a un trésor de caché dans votre moulin, je le lèverais, il me procurerait un baril d'or et d'argent :

d'argent : elle crut à ce propos ; elle l'engagea
à leur faire lever le trésor , qu'ils partage-
raient ensemble : il l'invita d'en parler à son
mari pour qu'il y consentît , qu'il reviendrait
le lendemain pour fixer le jour où il ferait
cette opération. Il y revint en effet : le bonhomme avait consenti que le trésor fût levé ;
il était présent avec sa femme à cette seconde
visite. C'était le samedi ; il fut convenu que
le trésor serait levé le mercredi de la semaine
suivante , qu'il fallait éloigner de la maison
deux domestiques qui leur aidaient à faire
valoir le moulin ; que l'on commencerait à
neuf heures du soir : ils se séparèrent après
ces conventions arrêtées. Il revint à Amiens ,
me faire part de son projet et me prier de
lui aider à l'exécuter : j'y consentis. Je me
procurai une vieille robe d'avoué dont j'avais
besoin pour remplir le rôle que je devais
jouer à cette affaire. Le mercredi soir à huit
heures , mon ami se rendit au moulin. Je me
tins dans un pré proche, jusqu'à onze heures , que je devais y entrer. Il soupa avec le
bonhomme et sa femme ; ils l'assurèrent que
les domestiques étaient absens , qu'ils ne
reviendraient que le lendemain ; ils passèrent
dans le moulin ; mon ami mesura l'appartement ; il fixa un point au milieu et dit : c'est

là. Le bonhomme et lui se mirent ensuite à faire une fouille large de quatre pieds et profonde de trois. Quand elle fut faite, il dit à la femme : vous savez que l'or et l'argent en amènent d'autre : mettez promptement dans deux sacs tout l'or et l'argent que vous possédez chez vous : vous allez les lier par le haut et les tenir un sous chaque bras, l'or sous le droit, l'argent sous le gauche, et tenir vous même la chandelle pour nous éclairer : surtout n'ayez pas peur. Elle exécute promptement tout ce qui lui avait été dit. Pendant son absence, il avait enjoint au mari d'ouvrir deux portes qui étaient au moulin, une au midi, l'autre à l'opposé. A onze heures sonnantes, ils étaient réunis tous trois sur le bord de la fouille : mon ami tire un livre de sa poche, conjure l'esprit qui gardait le trésor de se présenter pour en faire l'abandon. J'étais alors proche la porte du moulin ; il criait assez haut pour que je pusse entendre : j'entre enveloppé dans la robe d'avoué, la figure peinte en noir : je remplissais le rôle d'esprit, une petite fourche à la main : je m'approche doucement de la vieille ; j'éteins la chandelle ; je lui arrache de dessous les bras les deux sacs qu'elle tenait ; je ressors ensuite par la porte opposée à celle par où j'étais entré : elle s'approcha de mon ami et lui dit : Monsieur, il m'a pris notre argent. — Que le diable t'emporte, B.... : voilà notre opération manquée. — Ne criez pas si haut, Monsieur, qu'il ne vienne en effet pour m'emporter. Il les laissa et s'en fut. Le lendemain, la bonne vieille fut trouver M. le Curé du village, pour le prier de faire venir l'esprit, pour lui rendre son argent qu'il avait emporté ; elle lui conta de quelle manière : il lui déclara qu'elle s'était laissé voler. Ils portèrent plainte en justice : mon ami fut découvert et condamné à deux ans d'emprisonnement : moi, on ne me connaissait pas.

Peu de temps après je dirigeai mes pas à Dijon, en Bourgogne, où je ne restai que 15 jours ; j'y trouvai deux hommes que j'avais connus à Brest ; ils me dirent qu'ils connaissaient un propriétaire riche qui passait pour avoir beaucoup d'argent ; nous décidâmes d'aller le voler ; c'était dans une commune appelée Milly, arrondissement de Beaune. Je fus avec un d'eux voir cette localité ; la situation de la maison, jointe au nombre de domestiques, ne me laissèrent aucun doute sur l'impossibilité de consommer ce vol par la force. Nous ne nous trouvions que trois ; j'eus recours à une ruse qui nous réussit très-bien ;

mes camarades trouvèrent encore un homme pour nous seconder en ce dessein. Nous nous procurâmes des habillemens de gendarmes pour deux, les deux autres des habits noirs; l'un remplissait les fonctions de substitut de M le procureur du roi de l'arrondissement, qui était tout récemment en fonctions et dont on ignorait le nom dans les campagnes, parce qu'il n'était pas du pays; l'autre était censé greffier. Nous nous procurâmes des chevaux parfaitement bien équipés ; nous nous rendîmes chez le propriétaire. Il était environ huit heures du soir ; il était à table avec sa famille, composée de huit ou neuf personnes , sans compter les domestiques ; il nous reçut parfaitement bien ; il fallut nous asseoir et nous rafraîchir ; on mît nos chevaux à l'écurie : enfin j'annonçai à cet homme en particulier , qu'il était dénoncé comme faisant de la fausse monnaie , que je venais avec ordre de faire une exacte recherche à son domicile. Il m'engagea à ne point faire d'éclat devant ses domestiques. Lorsqu'ils eurent soupé , ils se retirèrent. Nous procédâmes à une perquisition exacte dans toute la maison ; nous trouvâmes 9570 francs monnaie , que nous renfermâmes dans deux sacs que je cachetai après avoir fait le dénombrement des pièces d'or et d'argent qui composaient cette somme. Nous nous saisîmes également de l'argenterie , qui fut mise dans un paquet ; elle consistait en trois douzaines de couverts , cuiller à pot , grande cuiller à soupe , cuiller à ragoût et fourchette , moutardier , huilier , cuillers à café , flambeaux et plusieurs autres objets. Je dressai de tout procès-verbal, qui fut signé du propriétaire et de toutes les personnes présentes. Au moment de notre départ, je lui dis : Monsieur , il faut que vous veniez avec nous à Beaune , en prison. Ces paroles furent comme un coup de foudre qui l'eût écrasé et toute sa famille, qui était en pleurs. Il me pria de ne point l'emmener ; que le lendemain à l'heure que j'allais lui marquer , il se trouverait chez M. le Procureur du roi. Je me laissai gagner et fléchir par les larmes de sa femme et de deux demoiselles, âgées de 16 ou 18 ans. Il me promit de venir à Beaune chez moi , à dix heures , que je l'accompagnerais chez M. le Procureur du roi. Nous nous en retournâmes et nous emportâmes l'argent et l'argenterie. Au lieu d'aller à Beaune, nous nous en fûmes à Besançon. Le lendemain , il fut effectivement chez le Procureur du roi ; ce magistrat qui n'avait entendu parler de rien de tout ce que lui contait cet homme, lui dit qu'il était volé. Les journaux rendirent un compte exact de cette affaire, qui fut cause que quatre hommes de Beaune furent plus de quatre mois en prison : ils furent soupçonnés fort de ce vol. Je n'en profitai pas ; je m'absentai de Besançon pour aller à Gray, voir une dame que j'avais connue à Paris ; elle était veuve depuis un an ; je passai huit jours chez elle : à mon retour mes camarades avaient disparu de Besançon et avaient emporté tout. Quoique je me trouvasse volé par eux, je ne pus leur en savoir mauvais gré, parce qu'ils se trouvèrent poursuivis pour un vol qu'ils firent chez un notaire pendant mon absence, et ils ne trouvèrent leur salut que dans la fuite.

Après avoir ainsi erré quelque temps de côté et d'autre, je revins au Manoir : je renouvellai mes anciennes liaisons avec celle qui est actuellement mon épouse : ma mère qui avait des raisons, que j'ai toujours crues légitimes, voulut ou plutôt chercha à m'empêcher de parler cette fille qui était, suivant moi, une jolie personne, d'une taille avantageuse. Je rencontrai à cette époque Jean ***, qui avait passé 4 ans au bagne de Brest : je fus le voir plusieurs fois chez un fermier où il demeurait. Mon père possédait une petite

portion de terre et un bout de grange dans ces
environs ; je l'engageai à les vendre ; j'indiquai
de s'adresser à Jean *** pour en traiter. Il se
présenta un acquéreur ; la vente eut lieu par une
promesse écrite. Huit jours après, ceux qui jouis-
saient à ferme de ces deux objets , vinrent
chez mon père pour acheter eux-mêmes cet
objet : je m'y trouvais : je leur en demandai
un prix que j'étais loin de croire qu'ils vou-
lussent donner, dans l'intention de les re-
buter , parce que , comme je l'ai dit , la
vente en était faite : ils convinrent néanmoins
de me donner le prix que je demandais. Le
contrat fut de suite passé devant notaire à leur
profit. J'avais reçu du premier acquéreur 150
fr. ; il vint porter plainte au maire du Manoir , qui envoya le garde-champêtre avec le
plaignant me parler : je rendis l'argent que
j'avais reçu ; l'affaire en resta-là : le maître de
de Jean *** , le mit hors de chez lui , pour
avoir aidé à tromper cet homme.

Le 2 novembre 1814, je partis du Manoir avec
un peu de meubles que mon père et ma mère
me donnèrent ; je vins demeurer à Mondrainville où je venais d'acheter une maison. Il existait sur cette maison des inscriptions : je pris
ce prétexte pour élever un long procès , qui a
ruiné les malheureux vendeurs. Sitôt que je

fus dans cette maison , Jean *** quitta une place de domestique qu'il occupait et vint chez moi 15 jours ou 3 semaines.

Le 8 décembre , il vint à Verson avec moi et un autre individu qui avait passé douze ans à Brest. En revenant à Mondrainville , nous fîmes rencontre d'un marchand colporteur ; nous marchandâmes des marchandises ; nous l'engageâmes à entrer chez moi ; il y vint : nous le fîmes boire ; arriva 9 à 10 heures du soir : nous le tuâmes d'un coup de fusil. Il fut de suite enterré ; nous partageâmes son argent et ses marchandises.

Ici commence une longue suite de crimes. Après cette action, Jean *** partit pour Evreux ; l'autre individu retourna chez lui : mes voisins n'eurent aucune connaissance de ce crime.

Dans le courant de janvier , un nommé X*** que j'avais connu à Brest, se présenta chez un notaire : là, sous le nom d'un malheureux qui avait été victime de sa férocité , de celle de Y*** et de moi , il fit faire une procuration gardant minute. Je la remplis à mon nom ; je me présentai au domicile de l'infortuné ; je vendis un peu de meubles, d'autres que j'emportai : je reçus de l'argent qui lui était dû ; je vendis une portion de terre qui lui appartenait :

tenait : nous partageâmes ensuite. Peu de temps après cette méchante action, un nommé Z sorti du bagne de Brest, vint dans ce pays : il avait enlevé une jeune fille ; elle emporta en sortant de chez ses parens huit ou neuf cents fr. Z. et X*** furent du côté de Trévières pour commettre un vol : je devais les accompagner ; je ne pus le faire, étant occupé à une autre opération qui manqua : cette malheureuse fille suivit Z. son ravisseur ; il voulut la renvoyer chez elle : elle s'y refusa ; il lui coupa la gorge et cacha son cadavre dans de la paille de sarrasin qui était restée dans les champs. Jean *** m'avait écrit de me rendre à Lisieux où il se trouverait : je m'y rendis ; il fut question d'aller faire un vol à peu de distance de la ville de Bernay : notre expédition n'eut pas lieu : j'entrai seul chez le riche propriétaire, sous prétexte d'acheter du cidre : il avait chez lui plusieurs de ses parens qui semblaient s'occuper d'un futur mariage ; je crus prudent de remettre cette expédition à une autre fois ; je revins à Mondrainville ; je me décidai de me marier définitivement, malgré les justes représentations de ma mère. Si j'eusse songé au juste et légitime devoir d'un enfant envers ses père et mère, je ne me serais pas séparé d'eux avec tant de facilité, même en quelque sorte je les abandonnais par rapport que je me persuadais que, depuis mon retour, ma mère n'avait pas eu la même confiance en moi qu'avant. Je l'avais tant trompée qu'il était juste qu'elle conçût quelque défiance. Je commençai d'avoir jalousie que ma sœur et ma nièce étaient toujours chez mon père : je m'aperçus qu'il y avait souvent des rapports faits contre moi. Ce qui me détermina à me marier plus promptement que je n'eusse encore fait, ce fut que ma mère me dit un jour, en lui portant mon linge sale à blanchir, qu'il fallait lui porter du savon. Quelque temps après, j'eus un emportement contre ma sœur aînée, jusqu'à la frapper : ma mère m'en témoigna son mécontentement en me disant de rester chez moi : je pris la résolution de terminer mon mariage, qui eut lieu à la fin de janvier 1815.

Ma femme vint demeurer avec moi à Mondrainville : elle prit de jeunes filles auxquelles elle apprenait à faire la dentelle ; je tenais l'école ; je m'occupais aussi d'affaires pour plusieurs personnes que je trompais, comme on le verra par la suite.

Je fus appelé par un sieur T., homme d'un esprit borné. Je fis plusieurs affaires pour

lui ; je m'en acquittai assez bien au commencement ; je vins cependant à m'ennuyer de
ses visites ; je lui fis signer, ainsi qu'à sa femme,
deux demi-feuilles de papier timbré qui ne
m'étaient d'aucune utilité : une troisième
signature fut apposée au bas d'un acte de
vente de quinze pieds d'arbres , à prendre à
mon choix sur la terre de la femme, moyennant 40 francs, censés payés comptant , qui
ne le furent réellement pas. Au bout de quelques jours , je fis abattre ces quinze arbres :
le sieur T. s'en fâcha, non sans raison ; il fut
porter plainte à M. le Maire de Mondrainville , pour r'avoir quelques papiers ; le Maire
m'écrivit ; je me rendis chez lui , je convins
de remettre les papiers que le sieur T. réclamait , moyennant 50 francs qu'il me paierait.
M. le Maire m'engagea à me passer à 24 francs ;
je ne voulus pas le dédire.

Je fus chargé par une veuve d'en pour-
suivre une autre pour raison du paiement
de son mariage : l'affaire fut portée au tribunal civil de Caen : je fis plusieurs voyages :
elle ne me donnait point d'argent : je lui en
demandai pour son avoué ; elle me donna
douze francs que je gardai pour moi : cette
affaire se termina à l'amiable.

Pendant toutes ces petites affaires, je plaidais toujours pour la maison qui m'avait été vendue ; enfin je convins de passer acte devant notaire : mon vendeur paya tous les frais, jusqu'à l'enregistrement de l'acte de vente : c'était une faute que je venais de faire en chicane, parce que si je n'eusse pas passé l'acte en due forme, la propriété me serait restée en payant l'intérêt du prix, jusqu'à ce que le vendeur m'eût apporté main-levée des inscriptions hypothécaires qui grevaient cette maison. Enfin, après l'acte passé, je fus poursuivi et dépossédé par jugement par défaut. J'y fis opposition : intervint un jugement qui m'en déboutait : j'avais fait quelques dépenses à cette maison ; je pris le parti d'enlever des planchers et bois de charpente, portes et croisées : je laissai la maison près de tomber en ruine ; j'avais aussi abattu un grand poirier étant dans le jardin : enfin le vendeur en reprit possession en payant tous les frais : je n'avais rien à craindre, je ne possédais aucune propriété.

Je fus obligé de repartir de Mondrainville et de retourner demeurer au Manoir chez les parens de mon épouse. J'avais chez moi le contrat d'une rente de 150 francs, créée par acte notarié, en vertu duquel un individu devait payer annuellement à mon père,

le jour de Saint-Jean-Baptiste, ladite rente.
Le débiteur étant devenu insolvable, je me
décidai à la vendre à moitié perte, afin d'en
tirer ce que je pourrais. J'en parlai à un huissier, qui en parla lui-même à un agent d'affaires. Celui-ci l'acheta au denier douze. Ayant
l'air de ne connaître rien aux affaires, je m'en
rapportai à lui : j'eus soin néanmoins de demander 800 francs pour une affaire urgente
que je supposai ; ils me furent comptés sur
quittance : quelque temps après, l'acquéreur
aurait voulu r'avoir ses huit cents francs ;
moi, de mon côté, j'aurais voulu avoir le
surplus du montant de la vente : ses préten-
tions et les miennes ne pouvaient guères se
concilier. J'avais vendu cette rente, seul, sans
le consentement de mes sœurs, qui y avaient
le même droit que moi ; je crus prudent de
leur en parler et d'avoir une procuration
d'elles à cet effet ; elles y consentirent ; je fus
forcé de faire assigner l'acquéreur pour se
livrer de la rente et payer le surplus du prix :
il eut recours à mes sœurs, en disant que
s'il me payait, je garderais probablement
tout : ils les tourna si bien qu'elles lui dirent
de ne pas me payer. Lorsque je vis ce ma-
nège de la part de mes sœurs, je les laissai
se débattre avec l'agent d'affaires : j'avais bien

reçu ma part, j'en restai là et lui est toujours saisi du titre de la rente.

Je me mis dans l'idée de faire bâtir une maison au Manoir : mon père était décédé le 22 janvier 1816 ; mes sœurs et moi nous fîmes des lots du peu qu'il nous laissa ; ma femme acheta la part d'une de mes sœurs, qui était proche de mon lot : elle avait sur ma part une forte hypothèque légale ; je fis bâtir sur sa propriété : je me disposais à rendre cette habitation des plus jolies et des plus agréables du Manoir, quand tout-à-coup je fis rencontre d'Anne L***, avec laquelle j'avais eu quelques relations dans ma jeunesse ; elle était mariée et moi aussi ; elle m'engagea à prendre quelque chose, ce que j'acceptai ; c'était un samedi ; il fut convenu qu'elle reviendrait le mardi suivant, qui était le 3 juin 1817, qu'elle m'accompagnerait chez un propriétaire de Bayeux, avec lequel j'étais en relation depuis la foire de Caen, même année, époque où je lui avais vendu une rente de quarante livres, pour 300 f. ; c'était bon marché, j'en conviens, si elle eût été bien assurée et légitimement due ; mais c'était trop cher, cette rente ne m'appartenant pas et ayant même été amortie. L'acquéreur voulut faire signifier l'acte de transport au débiteur de la rente, et ne put trouver son domicile. Je l'avais désignée à prendre sur les héritiers d'une dame morte depuis plus de quarante ans ; c'était pour me moquer du notaire qui faisait beaucoup d'observations et que je finis par tromper comme l'acquéreur. Chaque fois que celui-ci me voyait dans Bayeux, il m'engageait d'aller dîner avec lui : je lui parlai le 3 juin ; là L*** était avec moi ; je la fis passer pour ma sœur. Je voulus vendre au même une autre rente de 35 fr., que j'avais droit de réclamer après le décès de ma mère, sur un individu de Bayeux : nous entrons en marché ; il m'avait donné huit jours auparavant cinquante fr. à-compte ; nous convînmes de prix et nous fûmes devant un notaire pour passer l'acte ; il manquait quelque titre que le notaire avait l'air d'exiger, ce qui fit que nous nous en retournâmes : je crus prudent de demander encore à l'acquéreur cent fr. qui, avec les cinquante, faisaient 150, pour lesquels je lui fis un billet, en attendant la passation du transport. Il fut aussi question de la vente que ma sœur supposée lui ferait de pareille rente : il nous fit prendre un petit verre de liqueur et me compta les 100 francs. Pendant qu'il ouvrait son secrétaire, ma pré-

tendue sœur et moi, nous prîmes dans un
registre pour sept à huit mille francs de
lettres de change : nous sortîmes sans qu'il
s'en aperçût ; nous allâmes au café, et bû-
mes une bouteille de vin ou deux, sans besoin ; je me trouvais un peu pris de boisson,
je me repentais de l'action que je venais de
commettre ; je pensais à ma femme qui était
enceinte et infiniment plus jolie et plus aimable que celle avec qui j'étais ; je me décidai à reporter les lettres de change : la L***
m'en remît une, et je les reportai. Le propriétaire s'était déjà aperçu qu'elles lui man-
quaient. Je lui en remis quatre, autant que
je puis me souvenir. Il me dit qu'il lui en
manquait encore ; je l'engageai à ne point
faire de poursuites, rapport à moi : il me
le promit : je m'offris même de lui répondre
de la somme qui lui manquait : il ne voulut
pas, en me disant que la démarche que je
venais de faire était trop honnête pour qu'il
pût avoir quelque défiance de moi. Je le
quittai et m'en retournai au Manoir : je me
gardai bien de parler de cette action à ma
femme, avec laquelle j'étais en parfaite intelligence. Enfin, le jeudi suivant, le propriétaire porta sa plainte à M. le procureur du
Roi, pour raison de ces lettres de change.

Le

Le samedi la L*** et moi, nous nous trouvions
à Bayeux : je rencontrai quelqu'un qui me
dit qu'on avait fait des recherches et pris
des informations pour les lettres de change;
j'étais sur le point d'entrer chez le propriétaire; je n'y entrai pas : je fus chercher la
L***, à qui j'appris l'embarras où nous allions nous trouver; elle convint qu'elle avait
encore des lettres de change, mais qu'elles
étaient restées chez elle ; nous envoyâmes un
cordonnier chez le propriétaire, lui dire que
le lendemain il aurait le reste de ses billets :
il ne voulut pas attendre au lendemain : il
vint au Manoir le même jour, accompagné
de ce cordonnier et d'un de ses ouvriers ;
toutes les lettres de change lui furent remises; il me déclara qu'il n'avait pas porté
de plainte : c'était un mensonge. Lorsqu'il
fut de retour à Bayeux, il fut mettre au bas
de sa plainte qu'il n'avait plus rien à réclamer contre nous. Cette plainte resta sans
poursuite jusqu'au 25 août 1817. A cette
époque, un vol de bled ayant eu lieu, disait-on, dans les champs, le garde champêtre
vint, accompagné de deux gendarmes de
Creully, faire une perquisition chez moi;
on m'arrêta, on me conduisit à Bayeux en
prison. Je fus acquitté de ce vol de bled;

mais une fois arrêté, on ne pouvait manquer de me parler des lettres de change : en effet, M. le juge d'instruction m'interrogea sur leur enlèvement. Je croyais toujours qu'il n'y avait pas de plainte, et comme les lettres avaient été remises, je méconnus le fait et dis n'en avoir pas eu connaissance. Pendant que j'étais en prison, il y avait avec moi plusieurs détenus pour un vol dont un seul était coupable ; je le sus ; j'en fis la déclaration et ceux qui étaient innocens furent acquittés. La déclaration que j'avais faite par écrit à cet égard donna matière à M. le Procureur général de me faire assigner comme témoin : je parus devant la Cour d'assises, le 13 août 1818, et je fis ma déposition. Le 25 septembre suivant, je fus condamné par le tribunal correctionnel de Bayeux, en dix années d'emprisonnement. Je fus dangereusement malade à la prison : je restai trois jours sans aucun mouvement dans la même position qu'un homme mort. Hélas ! dans ce moment, si je fusse mort réellement, j'aurais eu bien du bonheur : je m'étais préparé à rendre compte au souverain juge : je sentais en mon cœur un vrai et sincère regret de mes fautes : si j'eusse suivi toujours la résolution que je pris alors, je n'en

serais pas où j'en suis aujourd'hui : que de
vœux et de promesses ne fis-je pas ! Mais
hélas ! au temps de ma liberté tout a été
oublié. Enfin, ma santé s'étant rétablie, je
me portai appelant du jugement de Bayeux :
je fus transféré à la prison de Caen, où j'arri-
rivai le 5 octobre 1818. Je fis bientôt connaissance avec un sieur P. P., homme intri-
gant, ne manquant pas d'esprit, ayant encore
davantage de raisonnement. J'avais apporté,
avec moi plusieurs contrats, un entre autres, d'une rente foncière de 500 fr. ; je le
fis voir à M. P. P., je lui dis que je vou-
drais trouver à vendre 370 fr., faisant partie de cette rente, parce que les 130 fr. restant appartenaient à ma mère ; je demandai
combien les rentes se vendaient à Caen; j'eus
l'air de venir du fond de la campagne ; ne
connaissant rien. P. P. me dit qu'il me la
vendrait. Il écrivit à plusieurs personnes qui
vinrent le voir ; il me dit que les rentes
avaient bien diminué depuis que j'étais en
prison et lui aussi, qu'il ne trouvait à la
vendre que le denier onze ; je ne voulus
pas : il me dit le lendemain qu'il avait un
autre acquéreur et me demanda si je voulais
qu'il la vendît comme si c'était la sienne,
que ce qu'il la vendrait au-dessus du denier

douze, serait partagé entre lui et moi. Huit jours après il la vendit. P. P. aurait bien voulu recevoir 1,500 fr. que l'acquéreur paya comptant; mais il fallait que je signasse le transport, en même temps que l'on versait cette somme ; je fus appelé pour la première fois ; l'acquéreur compta les 1,500 fr. en or ; P. P. en fit de suite deux lots ; un de 900 fr. pour lui, croyait-il, et l'autre de 600 pour moi ; mais avant de signer, voulant recompter moi-même la somme payée, je ramassai les deux lots et mis tout dans ma poche, après quoi j'apposai ma signature à la minute de de l'acte. Une demoiselle qui venait voir P. P. à la prison, attendait à la grille l'argent que j'avais seul reçu et que je gardai comme m'appartenant. Au bout de quinze jours, l'acquéreur et celui pour le compte duquel il avait acquis allèrent au Manoir où demeurait le débiteur de la rente ; ils lui signifièrent le transport ; mais à leur grand étonnement, ce débiteur, qui avait été bien autrefois, n'avait plus rien et n'offrait pas une garantie suffisante, même pour une valeur de 5 fr. Une partie de la rente transportée par moi se trouvait amortie par suite d'une collocation de créanciers : l'acquéreur vint alors me parler

et me demander ce que j'avais fait de l'argent : je ne voulus pas lui en rendre compte.
Enfin , à la sollicitation du concierge , je consentis déposer en ses mains 160 francs que
j'avais encore. L'acquéreur retourna au Manoir trouver ma mère et mon épouse : il
engagea cette dernière à se rendre à Caen ,
près de moi , ce qu'elle fit : je lui remis 1200
francs. L'acquéreur , toujours inquiet , s'a-
dressa à M. le juge d'instruction : on se trans-
porta au n°. 3 , à la pistole , où j'étais. Sur
la demande qu'on me fit de l'argent , je répondis ironiquement ; mais ma femme , crain-
tive , était sortie entre les deux portes : elle
appela le concierge auquel elle remit 1000
francs , en ayant employé 200. Ceci se passait dans le mois de novembre 1818 : le 24
décembre , même année , mon appel fut jugé
et l'emprisonnement de dix ans réduit à
cinq. Je restai encore treize mois à la prison
de Caen : pendant ce temps , il survint quelques petits dérangemens entre mon épouse
et moi. L'amitié et la confiance que j'avais
en elle commença à se ralentir ; je ne la re-
gardais qu'avec indifférence : elle s'en aper-
çut bientôt , connaissant mon caractère. Elle
savait que je suis né d'un esprit chagrin ; je
voyais tout en noir et ne pardonnais jamais.

Elle sut bien qu'il lui aurait été inutile de chercher à me fléchir par ses caresses que je ne pouvais plus supporter, qu'avec mépris et dédain ; elle en fit autant de son côté. Je partis ensuite pour Beaulieu, où je fus transféré le 29 janvier 1820. Je restai pendant quinze jours à ne rien faire, au bout desquels on me mit à éplucher de la paille pour les tresseurs et faiseurs de chapeaux de paille : je restai deux mois à cet emploi ; on me payait deux sous par jour. Ennuyé d'un emploi si peu lucratif, je m'adressai au pharmacien, qui me prit pour son aide. J'y passai trois mois assez tranquille. Au bout de ce temps, les rapports que j'avais avec une détenue, sans aucun libertinage, furent cause que l'on me mit au cachot où je passai trois semaines au pain et à l'eau. Lorsque j'en fus sorti, on me fit perdre mon emploi à la pharmacie : je fus quelque temps à ne faire rien ; ensuite je me mis à travailler à faire des sabots : je regrettais la pharmacie où j'étais tranquille. Au bout de quelques jours, j'écrivis à un personnage éminent pour lui donner des renseignemens sur une conspiration qui devait avoir lieu à Paris le 25 août et qui fut avancée de six jours, puisqu'elle éclata le 19. M. le procureur du Roi vint un jour à six heures du soir me demander ; il avait reçu des ordres de sa grandeur le ministre de la police, sur la lettre que je lui avais écrite : il reçut ma déclaration. Les chefs de l'établissement me proposèrent alors de me charger de la surveillance de tous les ateliers. J'acceptai sans réfléchir que je me ferais haïr des détenus ; je remplis ces fonctions pendant quinze jours, au bout desquels je préférai travailler seul dans un petit appartement : je m'occupais à des ouvrages de menuiserie. Il arriva un jour que j'eus quelque contestation avec un gardien : on me mit quinze jours au cachot. Lorsque je fus sorti, je repris mon travail.

Enfin, je sortis de Beaulieu le 23 décembre 1823 : un passeport me fut expédié pour aller au Manoir. En sortant de Beaulieu, je fus chez la femme C..., qui était venue me voir depuis le commencement d'août. Elle me tenait des discours si étranges sur sa vertu et sa conduite, que je ne pus m'empêcher de la suspecter de ce côté-là. Deux jours après, je partis de chez elle pour aller au Manoir voir ma femme, mon fils et ma mère. J'avais continuellement mon fils à la mémoire : je ne sais comment il a pu se faire que je les oublie un instant pour me livrer au crime. Je restai avec ma femme et lui huit jours ; je partis dans la première semaine de janvier 1824 ; je retournai voir la femme C.... ; le lendemain , je dis que j'allais partir pour m'en aller au Pays d'Auge. Y. et V. étaient venus à Caen pour me parler ; nous devions nous rendre ensemble dans ce pays pour plusieurs opérations ; je leur dis de partir les premiers et de m'attendre à Beaumont à un lieu dont nous convînmes ; ils s'en furent et moi j'allai coucher à Verson. Le lendemain , je me rendis à Beaumont ; je ne logeai pas avec mes deux camarades. Etant resté à mon auberge toute la journée et le lendemain , qui était un jour de marché, je me rendis seul après cela chez un propriétaire auquel je me présentai comme un homme envoyé par M. le Procureur-général à l'effet de prendre des informations sur un vol qui lui avait été fait dans le courant de décembre , d'en dresser procès-verbal , et de recevoir ses déclarations ; il m'accueillit avec beaucoup de politesse et m'engagea à prendre quelque chose. Pendant que nous déjeûnions , V. arriva comme un homme chargé de me remettre une lettre ; il me parla un instant dehors ; la réception que j'avais reçue

ne

ne put me permettre de souffrir qu'on fît du mal au propriétaire ; je pris le prétexte qu'il avait été volé dernièrement , qu'il ne pouvait pas avoir beaucoup d'argent ; V. m'observa que nous vendrions 2,000 livres de rente qu'il possédait en propriété ; que cela nous en procurerait. En effet, je m'étais déjà présenté chez un notaire , où j'avais fait passer , au nom de cet homme , une procuration gardant minute , par laquelle il donnait pouvoir de vendre ses meubles et immeubles , situés en deux paroisses , consistant en herbages , moulins et maisons. Nous avions cru prudent de faire passer la procuration avant sa disparition , pour qu'il n'y eût pas de doute sur la sincérité de l'acte ; enfin , d'après mes observations , V. s'en retourna; je rentrai , je bus et mangeai jusqu'à deux heures d'après midi. Ensuite , pour faire voir au propriétaire que je ne le trompais pas, je l'engageai à m'accompagner chez M. le maire de la commune , où j'allais faire mettre un *visa* à mon ordre ; nous ne trouvâmes pas le maire; nous y collationnâmes jusqu'au soir. Le propriétaire voulut me faire coucher chez lui , ce que je refusai. Le lendemain matin , tout ce qui m'avait été dit me passa par l'idée ; ce propriétaire m'avait parlé de lui faire placer à Caen 20,000 francs à intérêt ; ça me fit croire qu'il n'avait pas été volé de tout son argent ; je me décidai à retourner chez lui ; je le dis à mes deux associés ; ils se rendirent vers sa maison par un chemin, et moi au travers des herbages. Lorsque je fus sur le point d'entrer, le propriétaire sortait pour aller dans le village ; je me persuadai qu'il pouvait bien aller chez le maire ; que si celui-ci était de retour, il ne serait peut-être pas aisé à tromper. Nous nous décidâmes à nous en retourner sans rien faire, dans l'intention d'y revenir un autre jour et d'exécuter notre sinistre et malheureux projet. Mes deux associés s'en furent à Pont-l'Evêque ; moi, je pris au travers des herbages ; je passai à côté de Beaumont, que je laissai sur la gauche ; je ne fus pas même payer l'aubergiste où j'avais mangé et logé trois jours de suite. La crainte d'être arrêté me fit partir avec précipitation ; c'était un samedi : j'arrivai chez la veuve C.... à plus de huit heures du soir : j'étais tellement fatigué, que je fus deux jours sans pouvoir sortir. Je passai encore quelques jours chez elle ; je pris ensuite une chambre rue Saint-Martin. Le 18 janvier, il me prit l'idée de retourner voir ma femme et mon fils ; je

fus au Manoir, où je me déterminai à rester tout-à-fait et de remettre la chambre que
j'avais louée. Je trouvais plus d'agrément à
la compagnie de mon épouse qu'avec toutes
les femmes que je voyais. La présence et
les caresses enfantines de mon fils ne contri-
buèrent pas peu à me faire prendre cette
résolution ; je restai donc quelques jours au
Manoir. Le 24 du même mois, un chef d'administration de l'arrondissement m'envoya
chercher par deux gendarmes, avec ordre
de me retirer mon passeport et de me conduire devant lui; j'y fus en effet ; il me dit
que j'étais en surveillance au Manoir, que
j'eusse à aller me présenter au maire de
cette commune, lui en passer ma déclaration : je lui représentai que je n'avais jamais
été en surveillance soit au Manoir, soit ailleurs, mais il répartit que j'étais libéré du
bagne, et par conséquent en surveillance
pour toute ma vie, et il me garda mon passeport. Voyant cela, je me décidai à rester
définitivement à Caen. Je me réunissais avec
plusieurs mauvais sujets : nous formâmes le
projet d'aller à un bourg voisin commettre
un assassinat. Je ne pus pas y aller : ce furent
quatre de mes camarades qui s'y rendirent :
moi, je fus obligé d'aller à Rennes, d'où je

revins avec plusieurs associés. Il fut convenu que nous ferions assigner plusieurs propriétaires à comparaître devant la Cour royale
de Rouen : on alla trouver un huissier pour
cela. Le but de l'assignation était d'éloigner
ces personnes de leur domicile pour les voler
plus facilement : on devait faire mourir la
domestique de l'un et l'enterrer dans le jardin ; son maître de retour aurait cru qu'elle
l'aurait volé et aurait pris la fuite. On devait étrangler la femme d'un autre et voler
son argent et ses principales marchandises.
Lorsque j'eus examiné sérieusement toutes
ces opérations, je ne pus me décider à y
coopérer : ce fut ce qui fit qu'on ne fut pas
chercher l'original des exploits et que l'expédition manqua. Ce fut à cette occasion
qu'un de mes associés me dit que j'étais un
capon, que j'avais peur de recevoir un coup
de pistolet, parce que je lui observais que
dans de pareilles maisons nous ne manquerions
pas de trouver quelque résistance.

Dans les premiers jours de mars, Y., F. et moi,
ayant vu dans Caen deux hommes qui avaient
l'air de marchands de bœufs, et dont les valises
paraissaient grosses, Y. nous dit qu'il les croyait
du côté de Creully : leurs chevaux étaient à
une [auberge à St-Julien ; nous fûmes boire

près de cette auberge. Ils r'arrivèrent vers 8
heures du soir ; ils paraissaient avoir bu. Nous
partîmes et fûmes sur la route de Creully à une
certaine distance de la ville ; nous les attendî-
mes long-temps : enfin . nous les entendîmes
venir : Y. attaque le premier , comme en
plaisantant , le prend par une jambe et veut le
mettre bas de cheval ; son camarade avait déjà
fait deux pas en avant ; il revient , porte un
coup de bâton à F. , l'attrape à la tête et le
renverse sans mouvement ; il mourut des suites
de cette rixe , le lendemain l'après midi. Il
avait la mâchoire inférieure toute fracassée ;
nous l'enterrâmes dans la cour de la maison
du Côtil-St-Julien, où nous l'avions porté de
suite après le coup. C'est son cadavre qui a été
trouvé au mois de septembre dernier, et non
pas celui du marchand de couvertures, comme
on le verra par la suite. Ce F. était sorti de
faire 7 ans de réclusion ; il avait été condamné
à Evreux sous un autre nom que le sien et il
était venu me retrouver le 26 mars.

Y. , C. et moi, nous nous promenions dans
la ville de Caen : le premier vit deux marchands de couvertures qui avaient voulu acheter des chevaux ; il remarqua qu'ils avaient beaucoup d'argent ; nous en avions tellement besoin
ce jour, que nous nous décidâmes à en faire

perir un pour en avoir. Mes cámarades les suivirent toute la matinée ; ils me dirent qu'ils étaient logés chez M. Poret, aubergiste, à l'Image St-Pierre ; je me rendis de ce côté ; je vis ce marchand qui m'accosta en m'offrant des couvertures ; je lui en achetai une en coton, 58 francs ; C. en acheta une en laine à condition que le marchand irait avec lui et Y. jusqu'à Fontaine-Henry pour avoir son argent ; il y consentit ; Y. était censé mon domestique. A un heure et demie environ, je fus chez M. Poret ; j'entrai dans la cour ; je vis ce jeune homme appuyé à droite du côté où est la cuisine ; il avait un paquet de couvertures ; il me conduisit à sa chambre. Après avoir fait un paquet de ses plus belles couvertures, sur l'observation que je lui fis que peut-être il en vendrait d'autres où il allait, il descendit avec moi : Y. et C. nous attendaient sous la grande porte de la cour ; je les conduisis tous les trois jusqu'à la demi-lune du chemin de Creully, après quoi je rentrai dans la ville. Il faisait bien mauvais temps ; il avait tombé de l'eau toute la journée. Sur les six heures et demie, je partis de Caen et fus à *Fontaine-Henry* ; lorsque j'arrivai, Delord était mort : on l'avait étranglé avec une forte corde de fil de fouet ; il n'avait sur lui que quinze francs, une montre et neuf couvertures, tant de laine que de coton ; on le dépouilla de tous ses vêtemens ; nous l'enterrâmes ensuite dans un petit jardin attenant à la cour. C. avait été dans la paroisse acheter de la viande dont je ne mangeai pas, et quelques pots de cidre dont je bus quatre ou cinq verres avant de revenir à Caen. Je bus aussi un peu d'eau-de-vie ; je r'arrivai à la maison de St-Julien à minuit.

Le lendemain, Y. vint m'y trouver. Je partis de Caen le 16 avril, pour me rendre dans l'arrondissement de Lisieux, pour commettre un vol ; plusieurs de mes associés m'attendaient dans une auberge ; j'entrai chez la dame que nous avions intention de voler, pour affaires que je supposai ; il était cinq heures du soir : j'en partis sur les sept heures ; à onze, mes trois camarades et moi nous y revînmes et nous enlevâmes l'argent, le linge et beaucoup d'objets que nous crûmes de quelque valeur. A notre retour, ils furent vendus à un marchand de Caen.

Le 23 avril à huit heures et demie du soir, je fus chez la demoiselle Thouroude, fripière, rue des Croisiers, où j'avais été quelquefois lui dire que si elle voulait venir chez moi au Côtil St-Julien, j'allais lui vendre des objets dont je lui avais déjà parlé, consistant en hardes et linge de femme. Elle me croyait veuf ; elle ne fit aucune difficulté de venir. Elle déposa sa lanterne chez une de ses voisines. Pendant que j'étais entré chez elle, X. et L. avaient quitté une auberge où ils m'avaient attendu tout l'après midi, parce que mon épouse et le garde champêtre de V. avaient passé la journée dans la ville avec moi et je me séparai d'eux vers cinq heures. X. et L. m'attendaient dans une rue qui aboutit dans la rue de Geole, auprès du Temple des protestans. Lorsque je vins à passer avec la demoiselle Thouroude, l'un d'eux me demanda le chemin de Creully. Je lui dis de nous suivre, que j'allais le lui indiquer. Il nous accompagna jusqu'à la Demi-Lune. Je lui montrai la route de Creully où il n'avait que faire, et je le laissai derrière. Lorsque nous fûmes arrivés à la maison, la demoiselle Thouroude et moi, nous entrâmes dans la cour dont je laissai la porte ouverte ; de là nous passâmes dans la maison. La demoiselle Thouroude resta en bas, tandis que je montai à la chambre, où étaient Y***. et B***., chercher de la chandelle. Je battis le briquet. La lumière n'était pas encore allumée lorsque L. et X. entrèrent. Alors je dis à mademoiselle Thouroude : asseyez vous ; il n'est pas question de marchandises à vous vendre ; il faut

au

au contraire que vous signiez ce papier. Elle refusa en m'adressant de justes et bien légitimes reproches. Je vous croyais honnête homme, me dit-elle. Je ne pus soutenir ses regards. Nous lui attachâmes les deux mains avec une corde. X. resta à la garder en cet état ; L. et moi nous fûmes à la boutique où nous trouvâmes 767 f. Nous allâmes en rendre compte à nos camarades. X. garda la demoiselle Thouroude jusqu'au mercredi midi, sans bouger d'auprès d'elle, dans la crainte qu'elle ne criât. Nous lui portions à manger tous les jours. Elle ne voulait jamais signer ce que nous désirions. Le mercredi midi, comme elle mangeait un peu, en me demandant si je la laisserais bientôt aller chez elle, X. lui passa vivement une corde au cou. Elle ne put me dire que ces paroles que je n'oublierai jamais qu'à mon dernier soupir : malheureux, qu'allez-vous faire ? Elle ne dit pas autre chose, sinon : mon Dieu, ayez pitié de moi ! Elle expira, ensuite nous la dépouillâmes de ses vêtemens. X. fit la petite fosse où elle a été trouvée. Nous décidâmes ensuite que je continuerais de vendre et faire vendre les marchandises et meubles de la demoiselle Thouroude, desquels je me ferais faire un acte de vente dont les frais seraient pris sur la masse. Lorsque j'eus passé trois semaines dans la boutique avec la femme C.,

que j'y avais fait venir dès le lendemain de la
disparition , parce que cette femme était bien re-
gardée de beaucoup de personnes , et que cela
me mettait à l'abri de tout reproche , ne voulant pas me servir de mes assassins pour faire
le depôt de l'acte devant notaire , je m'adressai
au nommé G. , homme adonné à la boisson.
C'était celui qui me convenait pour cette opération. Il n'avait aucune ruse ; il y allait de
bonne foi. La femme C. était de même du côté
du crime qu'elle était loin de supposer commis.
Enfin , le 16 mai le dépôt de l'acte eut lieu devant un notaire des environs. A mon retour, je fus
chez la veuve C. ; j'y trouvai L. C. et sa femme.
Nous soupâmes ensemble. Après le souper,
la veuve C. , qui n'avait pas assez de lits pour
tout son monde, me dit : il faut que deux de
mes filles aillent coucher chez vous. Je le veux
bien, lui répondis-je , donnez-moi vos deux plus
jeunes. Ce fut la seconde et la troisième qui
y vinrent. Je les conduisis à St-Pierre dans une
chambre que j'avais louée depuis la mort de la
demoiselle Thouroude , parce que celle de St-
Julien était trop éloignée ; d'ailleurs elle était oc-
cupée par mes associés qui s'y reposaient le jour
des fatigues de la nuit.

Je partis de Caen le 17 mai pour aller au Manoir
voir mon épouse et mon fils : je faisais relever des

murs d'un jardin ; j'y restai trois jours ; je revins à Caen le mercredi soir , accompagné de plusieurs jeunes filles du Manoir. J'appris en arrivant chez la veuve C. qu'elle partait du violon, que les scellés étaient apposés sur la boutique de la demoiselle Thouroude ; je laissai mes compagnes chez la veuve C. , et je me rendis de suite à la chambre de St-Pierre, où je passai la nuit et le lendemain sans sortir. Le vendredi , j'en partis à 3 heures du matin ; je n'y suis pas rentré ; je demeurai depuis ce jour jusqu'au 6 juin errant ; je couchais tantôt à un endroit tantôt à un autre, excepté à Fontenay-le-Pesnel que je couchai 8 jours de suite. J'en partis le 6 juin et fus coucher à Epinay , proche Villers. Je me remis en route le 7 , après avoir demandé en mariage une jeune fille qui vint me conduire avec son père jusqu'à St-Georges-d'Aunay. Je pris la route de Vire , de là celle de Rennes , où j'arrivai le 11 juin à midi. J'y restai 4 jours.

Dans un voyage que je fis ensuite , parcourant le département du Morbihan , et traversant les landes qui se trouvent à la sortie d'*Elvin* , du côté de Vannes , je fus surpris d'un orage dans ce vaste désert. N'apercevant aucune habitation , je remarquai sur ma droite une espèce de tour ronde ressemblant à un colombier : je dirigeai mes pas de ce côté. Lorsque je fus sur

une éminence un peu éloignée de la route , j'a-
perçus un vaste et antique château , connu sous le
nom du château de B.....Les éclairs étaient grands ;
le tonnerre se faisait entendre avec force : la pluie
commençait à tomber : je pressai mon cheval
pour arriver avant le fort de l'orage : j'arrive enfin.
Je m'adresse d'abord à une femme qui était fermière
d'une métairie proche le château et qui en dépend,
lui demandant de vouloir bien me procurer un
abri pendant l'orage. Elle fit d'abord quelque
difficulté , mais elle finit par se rendre à mes
instances. Elle avait perdu son mari depuis peu ;
elle avait trois filles et deux garçons, gens honnêtes
et affables, quoique dans un pays moitié sauvage.
Ces filles me parlèrent , s'informant de mon pays ;
je leur en fis un mystère et ne leur répondis que
vaguement ; je mis une sorte d'empressement à
m'informer qui habitait le château : on satisfit
ma curiosité. J'appris que depuis 10 ans madame la vicomtesse de B.... était morte, qu'elle
n'avait point laissé d'enfans , ou du moins qu'un
fils, disparu de chez elle à l'âge de 10 à 12 ans ,
pendant les guerres de la Vendée , était mort
puisqu'on n'en avait eu aucune nouvelle, ,
que la succession avait été recueillie par une de
ses parentes ; que cette dame était veuve et n'avait
qu'une fille. J'écoutais ce récit avec un air d'attention : un frère de la fermière dit alors à ses

nièces que j'étais le Vicomte de B...., qu'il me reconnaissait bien, malgré que j'étais jeune lorsqu'il m'avait vu la dernière fois : il ajouta qu'il avait remarqué que mes yeux s'étaient mouillés de larmes, lorsque j'avais appris la mort de la vicomtesse. Je m'aperçus que mes hôtes se livraient à des conversations secrètes entre eux, et semblaient me marquer plus d'égards et de respect qu'à mon arrivée : une des filles fut au château annoncer que monsieur le Vicomte n'était pas mort, qu'il était chez eux à l'abri, sous prétexte de l'orage, mais plutôt pour prendre des informations. A cette nouvelle, la maîtresse du château et sa fille pâlirent, de crainte de perdre la fortune dont elles avaient hérité. Elles étaient assez simples, sans usage pour la société ; elles se rendirent à la métairie pour me voir. Je leur fis beaucoup de politesses : mon air et l'usage du monde aidèrent à leur persuader que j'étais leur parent, que j'allais bientôt les déposséder. Je voyais percer l'inquiétude et le chagrin dans tous leurs traits qui s'altéraient à chaque instant. L'orage continuait toujours. Je témoignai le désir de partir, mais intérieurement j'aurais voulu rester : enfin il se trouva 7 heures du soir : je dis que j'allais retourner coucher à Elvin. La dame et sa fille me proposèrent un lit au château : j'acceptai avec plaisir. J'y passai 8 jours, pendant lesquels je répondis d'une manière équivoque à leur curiosité. Au bout de ce temps, il arriva au château deux messieurs, dont l'un me connaissait particulièrement, m'ayant vu au bagne de Brest, où il était employé comme chef. Une pareille rencontre ne m'arrangeait pas : il fallut quitter mes crédules hôtes, que j'aurais immanquablement volés sans cette circonstance imprévue.

De retour à Rennes, je me présentai à la mairie, où je me fis délivrer l'acte de naissance de Jean Poulain de Beauregard, né à St-Germain de Rennes, le 10 septembre 1785. Je ne dirai rien de relatif à cette intrigue, à cause de la police, n'étant pas utile de lui faire connaître ce qu'elle ignore. Je me fis ensuite délivrer un passe-port, sous le même nom que j'ai porté jusqu'à mon jugement : c'est sous ce nom que j'étais connu à Rennes. Je pris une chambre garnie, rue St-Georges ; je fus voir D.... que je connaissais depuis long-temps et avec lequel j'étais toujours en relation ; je fus voir aussi plusieurs autres connaissances de bagne ; mais je ne pus me promener dans la ville avec ces derniers, à cause de leur mauvaise moralité : je fus avec D.... voir successivement plusieurs châteaux ou maisons de campagne, pour en avoir une à location, qui se trouvât conforme à nos sinistres projets. Le marché fut convenu, quant au prix, pour une habitation qui semblait nous convenir ; mais il manqua ensuite, parce que le fermier demeure dans la même cour , ce qui ne nous arrangeait pas. J'eus connaissance que Lorette était à louer ; j'en parlai à D.... qui trouva que c'était ce qui nous convenait le mieux , étant isolée, à peu de distance de la ville, proche la place du Champ-de-Mars où se tiennent les foires. Cette maison a toujours été destinée à loger des personnes du second rang et riches. Un pareil logement me mettait hors de soupçon ; ceux qui y venaient, c'est-à-dire mes associés , passaient pour mes amis, pour des hommes avec lesquels j'étais en rapport : d'autres , sous un costume plus modeste , pour des métayers ou des domestiques. Je crus prudent de conclure promptement avec la dame qui en est propriétaire : la première fois que je fus chez elle , elle me reçut avec toute la politesse et toute l'honnêteté possibles ; elle m'engagea à retourner encore voir cette propriété qui est la plus jolie et la plus agréable de Rennes par sa situation et ses promenades : elle envoya une demoiselle qui la sert en qualité de cuisinière : j'étais parti un peu avant elle ; je me promenais au Champ-de-Mars en l'attendant ; elle y arriva peu d'instans après ; en m'abordant elle me dit d'un air riant et gai : c'est sans doute moi que vous attendez , monsieur. Oui ? mademoiselle , lui dis-je. Nous fûmes ensemble à Lorette ; elle me fit voir tous les appartemens de cette maison , le parterre , jardin et vergers y attenant , avec toutes les promenades et agrémens. La franchise et la bonté de cœur de cette personne , ainsi que son caractère , attirèrent mes regards et surent captiver mon cœur. Après une légère conversation honnête et décente, je la quittai pour retourner chez sa maîtresse, voir si nous allions terminer la location. Je ne traitai cependant pas ce jour-là , mais 8 jours après. Je fus pendant cet espace de temps deux ou trois fois chez cette dame pour le marché, ou plutôt pour voir cette belle personne , sans laquelle je ne pouvais plus vivre : elle avait fait une terrible blessure à mon cœur : enfin , je terminai l'arrangement avec la maîtresse : ce fut le 29 juin que le bail fut passé devant notaire. J'avais permis à madame de faire cueillir des fruits du jardin de Lorette, comme elle faisait avant de me l'avoir loué : la cuisinière y vint 3 à 4 fois : je faisais mon possible pour m'y trouver avec elle : je l'agaçais par des paroles agréables et honnêtes ; enfin , je ne pus m'empêcher de lui écrire, pour lui faire l'aveu de mon amitié. Ma lettre resta quelques jours sans réponse : quand elle vit que c'était tout de bon que j'avais une inclination pour elle, elle cessa de venir au jardin. Je lui faisais assez souvent

demander

demander une réponse à ma lettre : elle disait
à ceux qui lui en parlaient, je ne dis pas non.
Pendant ce temps , plusieurs de mes associés
et moi , nous fîmes périr un marchand de toile ;
nous l'enterrâmes proche le chemin de St-Hellier ,
dans un pré , après lui avoir pris son argent et
ses marchandises. Depuis cette triste et malheureuse opération , je restai quelques jours assez
tranquille à Rennes ; j'allais souvent dans la
campagne , où j'avais affaire , disais-je , parce
que je ne voulais pas que l'on me vît avec me
associés dans la ville : enfin, au bout de 15 jours
ou 3 semaines que j'eus écrit à la cuisinière ,
je n'en recevais aucune réponse : je m'ennuyai.
J'avais vu une jeune fille de 17 ans , assez belle :
je l'avais demandée à sa mère qui m'avait favorablement reçu. La fille, soit qu'elle eût quelque
inclination secrète , où qu'elle se trouvât trop
jeune pour mon âge , ne voulut pas m'écouter.

Un jour de marché , je venais de recevoir
une lettre de V. qui m'invitait de me trouver
le lendemain à une opération , et d'en prévenir
deux autres. Je cherchai ceux-ci dans le marché
je fis rencontre de ma belle cuisinière : mon cœur
vola au-devant d'elle ; son air et ses manières
honnêtes et prévenantes m'attirèrent tellement
près de son aimable personne, que je ne pus
me dispenser de lui prendre la main devant un

nombre infini de personnes. Nous nous prome-
nâmes ensuite dans le marché deux ou trois fois :
avant de nous quitter , nous convînmes que j'irais
en parler à sa maîtresse : j'y fus le lendemain
ou deux jours après. Enfin ; au bout de sept
ou huit jours , elle me donna sa parole. Je me
crus au comble du bonheur, tant je l'aimais.
Je partis ensuite pour Nantes où je ne restai que
deux jours : à mon retour , je fus la voir : je
la pressai pour ne pas tarder notre mariage :
elle me dit avec sa naïveté et sa franchise or-
dinaires , accompagnées d'un ton de douceur vrai-
ment séduisant : « puisque c'est ainsi que vous
paraissez m'aimer , je vous laisse libre d'agir
et de terminer notre union quand vous vou-
drez : faites seulement bien vos réflexions ; pourvu
que vous ne me rendiez pas malheureuse , voilà
tout ce que je vous demande , car si vous me
donniez du chagrin , vous me verriez aller pleu-
rer dans les charmilles de Lorrette , et je serais
bientôt morte. » Après cela , j'envoyai de suite
un exprès chez le Maire de la commune où
elle est née pour avoir son extrait de naissance ,
et les actes de décès de ses père et mère : ces
actes me furent délivrés de suite : les miens
étaient à la mairie de Rennes, j'y portai les
siens : elle y vint avec moi pour déclarer qu'elle
consentait être affichée en vue de mariage : après

cela ; nous nous en retournâmes. Le lendemain 7 août, nous exécutâmes, mes camarades et moi, le complot que nous avions formé de faire mourir M. Turmel : T. devait s'y trouver ; il n'y vint pas, parce que cette expédition eut lieu avant l'heure indiquée : il se trouva la nuit du 7 au 8 à la maison, au vol de l'argent et des effets. je fus ensuite voir ma future , après cette expédition qu'elle ignorait. Sa timidité naturelle jointe à sa sensibilité lui aurait fait perdre le sentiment, et en danger de perdre la vie, si elle avait appris que j'eusse été le complice d'un pareil attentat. En me voyant devant elle, ma présence aurait renouvelé son indignation , et l'horreur qu'elle a conçue à une pareille nouvelle. Ah ! que je l'ai plainte depuis que je suis arrêté ! Enfin , le 15 août 1824 , nos bancs de mariage furent affichés à la mairie de Rennes , et publiés à l'église St-Germain du même lieu, ledit jour , pour première et dernière publication : j'avais obtenu une dispense pour les deux autres.

Le lendemain 16 , M. Turmel fils arriva faire la recherche de son père. Ne le trouvant pas , il m'écrivit : ce fut Charbonnet qui m'apporta la lettre à plus de 8 heures du soir : j'étais avec ma future , chez sa maîtresse , d'où je sortis après l'avoir lue. Je crus prudent de ne pas aller coucher dans ma chambre : je fus coucher chez une fille d'où je partis le lendemain matin : je fus à Lorette. Charbonnet m'apprit qu'un commissaire avec deux gendarmes y avaient été la veille à 9 heures du soir me demander : je pris la résolution de partir de Rennes , et de ne m'en éloigner que de peu de distance , pendant deux jours , pour voir ce que deviendraient toutes ces démarches et recherches : si j'eusse été véritablement de Rennes , où que je n'eusse eu rien à craindre, je n'en serais pas parti si promptement. Je fus sur la route de Nantes , chez un maire, sous prétexte de délivrer un acte de décès : c'était le 17 août ; il fit mauvais temps ; je couchai à un cabaret ; j'en partis le 18 à 9 ou 10 heures du matin : je rencontrai deux militaires avec lesquels je fis société ; trois de mes camarades vinrent au-devant de moi : ils avaient entendu que l'on faisait des recherches de M. Turmel, ils me le dirent : nous rentrâmes dans Rennes à 6 heures du soir : le cadavre avait été trouvé ; le public était assemblé devant Lorette : nous nous en fûmes boire jusqu'à 9 heures ; la fille chez laquelle j'avais couché le 16 m'engagea à rentrer chez elle ; j'y entrai : je devais encore y coucher , mais la voyant si babillarde , je ne voulus pas y rester ; je pris le parti de descendre la rue , je fis rencontre de deux sergents de ville. J'allai passer la nuit chez une fille qui sut me combler d'entrer chez elle. Le lendemain matin, je partis à 3 heures , non sans répandre quelques larmes en pensant à ma belle cuisinière, que j'aimais d'une amitié pure. J'arrivai à moitié route de Plelan : je louai un petit cheval gris pour aller à Ploermel : lorsque j'y fus arrivé, je couchai à la première auberge , à droite en entrant dans la ville. Le lendemain , je louai un cheval pour aller à Vannes , où j'arrivai le 20 août, à une heure après midi. J'en partis le 21 , à quatre heures du matin : un individu que je connaissais vint avec moi à Elvin faire une opération chez un célibataire, après quoi je revins par Ploermel, de là à Dinan, ensuite à Dol, Pont-Orson, Avranches , Ville-Dieu et Vire. Je vendis , dans cette dernière ville , le cheval tout équipé que j'avais loué à Ploermel : je vins de Vire à Villers, où je couchai le 25 août : j'en partis le 26 et passai par Tilly, pour me rendre au Manoir, où j'arrivai dans la nuit du 26 au 27. Je n'osai me présenter devant les parens de mon épouse : je fus à leur porte. Ne l'entendant pas , je me persuadai qu'elle était peut-être encore en prison , comme elle avait été arrêtée au moment de mon départ : je fus à la porte d'une de mes sœurs: elle m'entendit bien, ainsi que ma nièce , qui leur demanda s'il fallait m'ouvrir : elle ne le voulut pas : je fus prier une jeune fille du voisinage de me donner des nouvelles de mon épouse : elle me dit qu'elle était encore à Caen en prison. Lorsque je sus cela , je partis de suite et m'en fus par Balleroy ; où je couchai la nuit du 27 au 28 août : je repartis le lendemain pour me rendre à St-Lo , où j'arrivai le 28 au soir : je descendis dans une auberge , où je me décidai à ne prendre que mes repas : je fus chercher une chambre garnie dans la ville : j'en louai une d'un perruquier. Le même jour , au soir , l'aubergiste m'en indiqua une autre plus à portée de sa maison ; c'était chez une jeune veuve ; je louai la chambre et me décidai à ne garder la première que 15 jours : je m'annonçai chez cette dame comme j'avais fait dans toutes les maisons où j'avais été : je lui dis que j'étais à St-Lo , pour vendre deux petites propriétés , situées à Montmartin , et deux parties de rente , provenant d'une succession , que j'étais fondé des pouvoirs de mes cohéritiers : j'avais pris cette résolution avec mes camarades , pour tâcher , par cette feinte , de reconnaître dans la campagne ceux qui possédaient beaucoup d'argent et pour aller leur faire une visite domiciliaire. Plusieurs de mes associés étaient à St-Lo ou aux environs : nous nous trouvions dans des cabarets hors de la ville , sans avoir l'air de nous connaître : ils ne venaient jamais à ma chambre : au bout de quelques jours, je m'absentai de St-Lo,

pour aller avec quelques-uns d'eux à Valognes.
Nous logeâmes à une auberge à l'entrée de la
ville : nous en repartîmes le lendemain matin avec
un marchand de parapluies : nous prîmes ensemble
la route de Carentan : le malheureux trouva la
mort avec nous : il est enterré dans un pré , sur
le bord de la route de Valognes à Carentan. Un
de nos associés ayant menacé les autres , dans
une expédition nocturne , de nous vendre à la
justice , il fut pendu à un pommier à Morigny ,
chef-lieu de canton , près St-Lo , au mois de
septembre dernier.

Enfin arriva le 14 du même mois de septembre
que je fus arrêté à 9 heures du soir. Ce fut
une lettre et 12 francs que j'envoyais à ma femme
à la prison de Caen , par la poste de Carentan ,
qui indiqua que j'étais dans ce pays-là , et qui
donna lieu à mon arrestation. Je restai en prison à
St-Lo jusqu'au 24 que je partis et arrivai à Bayeux :
j'étais conduit par une brigade de gendarmerie :
une multitude de monde se portait sur mon pas-
sage. Je partis de Bayeux le 25 pour venir à
Caen : en y arrivant , plus de 25,000 âmes
étaient réunies dans les rues , depuis le haut
de la Maladrerie jusqu'à la prison. Il était
10 heures lorsque j'y arrivai. On me conduisit
devant M. le Juge - d'instruction. On n'eut de
moi que des réponses illusoires : il en fut de

même à mon second interrogatoire : quand on m'interrogeait sur des crimes commis à Caen, j'étais de Rennes et ne connaissais rien de ce qui s'était passé à Caen ; sur ceux de Rennes, je soutenais l'incompétence du juge-d'instruction et des tribunaux de Caen pour en connaître : enfin, on mit tout en usage pour que je fusse jugé à Caen. M. le Juge-d'instruction me fit paraître devant lui ; le 17 ou 18 décembre il me donna lecture d'une ordonnance rendue par la Chambre de Rennes, le 27 novembre, par laquelle elle se désaississait de l'instruction. Enfin, je fus renvoyé devant la Cour d'assises. Le 7 mars commencèrent les débats. Le 5e. jour, je me décidai à faire des révélations. Je voyais des personnes innocentes sur le banc du crime : je ne pus souffrir qu'elles fussent condamnées à la place des coupables. Je demandai à paraître devant l'un des magistrats de la Cour qui voulut bien m'entendre. Il écrivit lui-même ma déclaration que je signai. Je parus peu d'instans après devant la Cour, et tous mes coaccusés furent acquittés, sauf la veuve Couet qui fut condamnée à 5 ans de travaux forcés, comme coupable de vol d'effets dans la boutique de la demoiselle Thouroude. Moi, je fus condamné à la peine de mort. Dans mes déclarations, je n'ai pas dit tout ce que je savais. Quel intérêt ai-je à le faire ? Dans peu

de

de jours je n'existe plus : peu m'importe comme
la société soit alors organisée et reglée. Je ne
dois plus y reparaître ; par conséquent je n'ai pas à
examiner l'ordre où le désordre qui peut se passer
dans son sein. Puissant motif qui me fait garder
le silence sur les intrigues que tous les mauvais
sujets qui sortent, tant des bagnes que des maisons
de détention, mettent en usage pour changer leurs
noms contre des noms sans reproche : ils sont
porteurs d'actes de naissance et passe-ports qu'ils
se font délivrer à la suite ; ils contractent mariage deux ou trois fois , à l'aide de ces papiers,
tel que j'étais sur le point de faire à Rennes.

Je ne m'étendrai pas plus loin dans les détails de tous ces désordres. Je m'étais proposé
en commençant d'y donner une plus longue suite :
je me suis aperçu que ce serait une imprudence
de ma part : la police y aurait puisé trop de
connaissances: je me serais vu accablé de questions
capables de troubler ma conscience , en me rap-
pelant de trop criminels et douloureux souve-
nirs.

Ma position actuelle ne me permettant pas d'en
agir ainsi , ne devant m'occuper maintenant que
du salut de mon âme et non de celui de la société
qui m'a rejeté de son sein , ne pouvant pas m'attendre que S. M. me fasse grâce et m'accorde
quelques années de pénitence , je n'ai sans doute

d'autre ressource que de tâcher de fléchir le Souverain juge des rois et des nations, lui qui est toujours disposé à recevoir favorablement le pécheur repentant et à lui pardonner. C'est aux pieds de sa divine majesté que je me prosterne de cœur et d'esprit, pour la supplier très-humblement de recevoir, dans le sein de sa miséricorde, ma pauvre âme qu'il a créée à son image et ressemblance, que son fils a rachetée au prix de son sang. Je mets toute mon espérance en la miséricorde d'un Dieu si bon, qui m'a fait tant de grâces dans ma jeunesse ; j'ai été sans doute bien ingrat envers lui : je n'ai fait usage du peu d'esprit et d'intelligence qu'il m'a donné que pour l'offenser par des péchés énormes et sans nombre. Oui, mon Dieu, je suis un grand pécheur, le plus grand qui ait paru sur la terre : daignez, Seigneur, m'accorder la grâce d'une sincère conversion : que je meure en vous adorant et vous aimant de tout mon cœur : ayez pitié de ma malheureuse épouse et de mon fils : jetez, Seigneur, un œil de compassion sur eux ; que cet innocent enfant trouve paix et miséricorde devant vous ; ne tirez pas vengeance de mes péchés sur lui, ni sur sa mère, qui, comme vous le savez, n'a participé à aucun de mes crimes. Leur sort m'occupe plus l'esprit que ma position : je suis résigné à la mort : mais, hélas ! quand je pense que je laisse mon fils dans un âge si tendre, exposé ainsi par mes crimes au mépris public...... Daignez, ô mon adorable Sauveur, le protéger et le défendre : faites-lui la grâce de vivre en honnête homme, d'aimer la religion, d'en suivre les lois et les préceptes et ceux de la morale, sans quoi on ne peut être heureux en ce monde ni dans l'autre : que la vertu et l'honneur suivent et accompagnent toutes ses actions, afin qu'il soit digne de vous plaire. Eclairez aussi, Seigneur, de vos divines lumières, le cœur et l'esprit de mon épouse, pour qu'elle connaisse toute l'étendue des devoirs et obligations qu'elle a à remplir envers mon fils : je ne doute nullement de sa tendresse maternelle pour lui ; je vous conjure, Seigneur, de les assister tous deux des secours de votre sainte grâce ; qu'ils vivent en paix et en union : que mon fils aime et respecte sa mère, qu'il lui obéisse en tout : recevez favorablement, Seigneur Jésus-Christ, ma prière : conduisez nos trois âmes dans le séjour du bonheur éternel, où je vous prie ardemment de nous réunir un jour.

A MON FILS

ET A TOUS LES JEUNES GENS QUI LIRONT CE RÉCIT,
ABRÉGÉ DE MA VIE ET DE MES MALHEURS.

Mon fils, lorsque tu liras le récit de mes aventures, qui ne sont qu'une longue suite de libertinage et de crimes, tu verras combien j'ai abusé des dons de Dieu. Ne suis pas mon exemple, mon fils ; n'envisage dans toute ma conduite que mes sincères regrets, pour éviter les mêmes écarts. Ne suis pas non plus la trace de mes pas dans la chicane, que j'ai trop connue pour plusieurs malheureuses familles Tu frémiras sans doute d'horreur contre moi, à la vue du nombre des forfaits criminels que j'ai commis, ou auxquels j'ai participé : tu me maudiras, en détestant le jour qui t'a fait naître d'un tel père ; plains - moi plutôt, mon fils : je fus long-temps exempt de crimes : que le souvenir de mes malheurs t'apprenne à être sage : aime le travail et t'y livre de bon cœur.

Jeunes gens, qui lirez ce cruel et malheureux récit de crime et de libertinage, ne le lisez que

pour vous faire concevoir l'horreur du crime ;
n'envisagez de ma déplorable existence et de mes
malheurs , que les sincères regrets que j'ai d'avoir
commis tous ces crimes. Il me sembe être présent
au tribunal suprême, devant lequel sont les âmes
des malheureux auxquels j'ai ravi l'existence ; ils
demandent vengeance contre moi, comme auteur
de leur perte, par la mort avancée que je leur
ai donnée , n'ayant pas eu le temps de se reconnaître. Je me vois accablé de toutes parts
par les reproches de ma conscience qui ne me
laisse pas un instant de repos. O que le moment
de la mort est accablant et redoutable pour une
âme qui a vêcu dans l'oubli de ses devoirs ! La
conscience est un terrible accusateur ; elle nous
suit partout, et principalement au moment de
la mort , où toutes nos bonnes et mauvaises actions, depuis notre enfance , se présentent à notre
esprit. Je l'avais déjà éprouvé dans une maladie
que j'eus il y a 7 ans ; je l'éprouve encore en
ce moment avec plus d'effroi , à la vue de tant
de crimes.

Mon cher fils , et vous tous qui lirez ce funeste et
trop malheureux récit tracé par ma main meurtrière,
conduisez - vous sagement dans la société ; que vos
jeunes cœurs ignorent toujours le crime et toutes
les funestes passions qui sont les plus cruels
ennemis de l'homme et de son bonheur , afin qu'au

moment où Dieu vous appellera pour lui rendre
compte de vos actions, il n'en trouve aucune
en vous qui ne soit digne de lui plaire.

Vous tous que j'ai offensés, soit en vos personnes, soit en vos biens, daignez me pardonner
de bon cœur. Je vous demande sincèrement pardon
à tous en général, et en particulier à ma bonne
et tendre mère que j'ai beaucoup offensée par
mes désobéissances et mon manque de respect,
mensonges, vols, chagrins de toutes espèces. Ah!
que ne pouvez-vous lire jusqu'au fond de mon
cœur, pour connaître les vrais regrets dont il
est pénétré! Vous, mes sœurs, que j'ai frappées,
injuriées, et même éloignées de la maison paternelle, daignez oublier tous mes torts. Et toi,
malheureuse et trop infortunée épouse, voudras-
tu oublier les tromperies en tout genre que je
n'ai cessé de te faire? Que ton cœur pardonne
à ton infidèle époux et l'aime encore au-delà du
trépas. Aime toujours mon fils et ne l'abandonne
jamais. Vous tous parens, en quelque degré que
ce puisse être, daignez me pardonner le déshonneur que je vous cause à tous, par mes crimes
et ma mort ignominieuse. Enfans et parens des
infortunés auxquels j'ai donné la mort, oserais-je
vous prier de me pardonner? Ames justes et
sensibles, que j'ai volées et dépouillées de tout

ou partie de vos biens , voudrez-vous me pardonner ?

Filles malheureuses , qui fûtes séduites par mes paroles et mon air sage et vertueux , daignez me pardonner mes crimes et mes torts envers vous. Oubliez mes funestes leçons. Songez que l'homme qui vous flatte en vous abordant est votre plus cruel ennemi. Un premier faux pas entraîne chaque jour à de nouveaux crimes. De cette manière , vous devenez le rebut de la société , l'opprobre du genre humain. Votre jeunesse une fois passée, on vous méprise et délaisse , et les regrets les plus cuisans vous accablent à l'heure de la mort. N'oubliez pas mes conseils, je vous prie; songez que je suis parvenu à tromper plusieurs filles de tout âge , que même j'ai été bien près de contracter mariage avec deux , quoique je fusse marié. Ne portez pas vos regards inconsidérément sur un homme sans le connaître ; ne lui donnez ni votre confiance ni votre amitié , que lorsque vous serez à portée de juger de ses mœurs et de sa conduite.

MES DERNIERES PAROLES

ET CONSEILS A MON FILS , AVANT DE MOURIR.

MON fils , tu n'es pas encore sorti de l'enfance , et ton père t'est ravi ; il va descendre dans la tombeau , sur le bord duquel il s'arrête pour s'occuper de ton bonheur et te donner des conseils salutaires. Au moment de ta naissance qui me remplit de joie et d'espérance , j'étais éloigné de toi ; les soins qu'exige la faiblesse de l'enfance furent remplis par ta mère. Lorsque tu seras en âge de concevoir toute l'étendue des peines et des chagrins où elle a été livrée à cette première époque de ta vie , songe à lui en témoigner ta reconnaissance par tous les moyens en ton pouvoir. Tu ne le peux faire qu'en l'aimant , la respectant , lui obéissant , ne faisant uniquement que sa volonté , aimant et respectant tes autres parens de même. Hélas ! mon fils , je ne t'ai vu que pendant quelques mois. Dans ce court espace de temps , j'ai cru deviner une partie de ton jeune caractère. Bannis cet esprit pensif et affligé , qui semble vouloir se former avec l'âge ; aime la vertu et l'honneur ; oblige tes semblables autant qu'il sera en ton pouvoir.

L'homme

L'homme vertueux et sage est aimé et respecté partout. Que la fierté et les sentimens orgueilleux ne s'emparent jamais de ton jeune cœur : l'humilité est le fondement de toutes les vertus. Ne fais tort à personne, soit à la réputation ou à la fortune. Ne porte jamais envie contre ton prochain pour aucun des avantages qu'il pourra avoir au-dessus de toi, soit de la fortune ou autrement. Que la haine et la vengeance n'aient aucun empire sur ton cœur ; que la douceur et la franchise président à toutes tes conversations et aux affaires que tu pourras traiter dans la société. Respecte et suis les lois qui régissent ton pays ; aime le bien et le pratique : c'est le moyen de t'attirer l'estime publique. Quand tu seras parvenu à l'âge de 16 à 18 ans, âge où les passions se déploient ordinairement avec plus d'empire, oppose-toi à leur torrent : un jeune homme vertueux et sage est en admiration parmi la société. Si Dieu te fait la grâce de parvenir à l'âge raisonnable, où tout homme réfléchit mûrement et se décide à prendre un état, si tu es appelé à celui du mariage, ne t'y engage jamais sans prendre conseil de tes parens, surtout de ta tendre mère : si elle existe, suis ses conseils.

Dans le choix que tu feras d'une épouse, ne considère ni le rang ni la fortune, encore

moins la beauté qui n'est que passagère ; ne recherche qu'une fille sage et vertueuse ; songe ,
mon fils, que si tu rencontres une compagne guidée
par les principes de la religion , de la morale et
de la vertu , ce sera pour toi un trésor que le
ciel t'enverra ; si au contraire ton choix n'était
déterminé que par des vues humaines , crains
que Dieu ne t'afflige d'avoir une mauvaise épouse.
Prie-le qu'il te fasse la grâce de te préserver du
malheur de t'unir à une pareille compagne. Je
te le dis avec vérité , mon fils , il vaudrait mieux
pour toi que la mort t'enlevât du monde dans
ton premier âge , que tu ne fusses uni à une
femme sans religion , sans vertu et sans conduite.

Il me reste , mon fils , à t'engager de te souvenir souvent des malheurs de ton père et du
terme fatal où je suis arrivé par l'oubli de la
religion et de mes devoirs les plus sacrés ce
qui m'a conduit à commettre des crimes énormes.
Je n'accuse personne d'être cause de mes éga-
remens ; je ne sais seulement comment ai-je pu
me séparer de toi , lorsque Dieu me fis la grâce
de te voir en 1823 , au mois de décembre. Depuis
cet instant, mon cœur a toujours été occupé
de toi ; il le sera jusqu'à mon dernier soupir.

J'ai encore à t'engager de fuir les mauvaises
compagnies qui peuvent facilement tromper et

corrompre le cœur et l'esprit d'un jeune homme. Songe, mon fils, que ni le défaut d'esprit, ni même d'éducation ne m'a porté vers le mal ; mais uniquement les mauvais exemples, les conversations dangereuses et les connaissances de mauvais sujets, qui m'ont entraîné dans leurs funestes principes de vengeance. Je prie Dieu de me pardonner mes crimes ; je prie mon épouse et toi, mon fils, de me pardonner le déshonneur que je vous cause à tous deux. Ma plus cruelle peine est de ne pouvoir t'embrasser avant de quitter la vie. Adieu, mon fils : que le Seigneur nous réunisse un jour dans le ciel !

Signé LEMAIRE DE CLERMONT.

DERNIERS MOMENS

DE LEMAIRE DE CLERMONT.

DU moment que Lemaire eut signé son pourvoi contre l'arrêt de la Cour d'assises, qui le condamnait à la peine de mort, il se disposa à écrire l'Histoire de sa Vie, soit que sa conscience bourrelée dût trouver quelque soulagement dans cet aveu de ses fautes, soit que la vanité de cet homme eût aussi quelque part à une pareille résolution. Dès-lors, tout son temps fut employé à retracer cette Histoire : dans ses instans de repas, il se livrait à la lecture, et l'on a remarqué que les livres qui lui convenaient le mieux étaient en général ceux qui pouvaient lui offrir des circonstances analogues à celles dans lesquelles il avait pu se trouver, tels, par exemple, que les *Causes célèbres*, ainsi que quelques autres ouvrages du même genre.

Un temps assez long s'écoula ainsi entre le jour du jugement et celui où il devait expier ses crimes sur l'échafaud. Son supplice eut lieu le lundi 2 mai 1825. Lorsqu'on lui signifia, le matin même de ce jour, le rejet de son pourvoi, il tressaillit un instant : mais se remettant bientôt, il fit appeler un des Magistrats de la Cour royale, auquel il annonça qu'il avait encore des déclarations à faire ; s'occupa de quelque détail de la publication de ses manuscrits : puis il se prépara à son dernier moment.

A midi précis, la voiture de mort se dérigea vers la place de l'exécution. Une foule immense, avide de repaître ses yeux d'un spectacle long-temps attendu et désiré, remplissait les places et les rues adjacentes. Une jeune fille, condamnée pour crime d'infanticide allait aussi subir sa peine ce jour-là. L'horreur qu'inspirait Lemaire ne contribua pas peu à accroître l'intérêt qu'inspirait cette malheureuse fille : à côté de son compagnon de voiture et de supplice, elle semblait paraître même moins coupable.

La voiture arriva sur la place de l'exécution. Un murmure s'éleva de tous côtés, et c'était presque un cri de vengeance. Lemaire, qui avait paru presque abattu dans le trajet, sembla reprendre quelque énergie, comme pour braver encore les clameurs de l'opinion ; il monta de pied ferme sur l'échafaud, regarda sans émotion le supplice de celle qui le précédait dans l'éternité et se présenta ensuite à l'exécuteur. A midi un quart il n'existait plus.

FIN.

www.ingramcontent.com/pod-product-compliance
Ingram Content Group UK Ltd.
Pitfield, Milton Keynes, MK11 3LW, UK
UKHW022257120726
13694UKWH00003B/1098